Duden

SMS
Schnell-Merk-System

Abi
Politik und Wirtschaft

Duden Schulbuchverlag
Berlin · Mannheim · Zürich

Inhaltsverzeichnis

1 Das politische System Deutschlands

Wichtige Grundbegriffe

parlamentarische Demokratie

Staatsform, bei der das Parlament als Volksvertretung substanzielle Rechte besitzt. Es ist in Deutschland als **Zweikammersystem** angelegt. Der Bundestag ist aus freien Wahlen hervorgegangen. Damit stellt das politische System Deutschlands eine **repräsentative Demokratie** dar, in der das Volk nicht unmittelbar politische Befugnisse ausübt.

Bundestag und Bundesrat

Budgetrecht, Wahl und Abwahl des Bundeskanzlers u.a.

Die parlamentarische Demokratie Deutschlands folgt dem Prinzip der **Gewaltenteilung**, die die Unvereinbarkeit mehrerer gleichzeitiger Funktionsträgerschaften unterschiedlicher Gewalten festlegt:

Ein Bundesverfassungsrichter (Judikative) kann nicht Regierungsmitglied (Exekutive) sein.

- **horizontale Gewaltenteilung**, d. h. Aufteilung in 1) Gesetzgebung, 2) vollziehende Gewalt und 3) Rechtsprechung,
- **vertikale Gewaltenteilung** in Bund und Bundesländer einschließlich Gemeinden.

1) Parlament,
2) Regierung und Verwaltung,
3) Gerichte

Der Gewaltenteilung steht die **Gewaltenverschränkung** gegenüber, die aus der Ausübung politisch-staatlicher Funktionen von sich gegenseitig kontrollierenden Institutionen entsteht.

Aus beiden ergibt sich in der politischen Praxis eine von der klassischen Gewaltenteilung abweichende Gewaltenteilung, die sog. **neue Gewaltenteilung**. Sie besteht

Insbesondere die Opposition kontrolliert die Regierung.

aus 1) der politischen Führung, 2) der parlamentarischen Opposition und 3) der Rechtsprechung.

„wehrhafte" Demokratie

Das Grundgesetz (GG) hat aus der Weimarer Reichsverfassung gelernt:
Es sichert die **freiheitlich-demokratische Grundordnung** u. a. durch:

- Widerstandsrecht eines jeden Bürgers „gegen jeden, der es unternimmt, die verfassungsmäßige Ordnung zu beseitigen";
- Aberkennung bestimmter Grundrechte bei Verfassungsgegnern;
- Verbot von verfassungswidrigen Parteien und Vereinigungen durch das Bundesverfassungsgericht;
- Unzulässigkeit von Änderungen, die die Gliederung des Bundes in Länder und die Mitwirkung der Länder bei der Gesetzgebung berühren.

Art. 79 Abs. 3 GG („Ewigkeitsklausel"): Ausschluss von Veränderungen der grundlegenden Werte und Prinzipien

Verbot der Kommunistischen Partei Deutschlands 1956

deutsche Einheit

1949 entstanden die Bundesrepublik Deutschland (BRD) und Deutsche Demokratische Republik (DDR) mit je eigener Verfassung. Das GG der BRD galt zunächst als Zwischenlösung.
Mit dem Einigungsvertrag vom 31. 8. 1990 traten die neu gegründeten Länder der DDR nach Art. 23 GG dem Geltungsbereich des GG bei (wirksam: 3. 10. 1990); das GG wurde die Verfassung des vereinten Deutschlands.

Nationalfeiertag ist der 3. 10., der Tag der deutschen Einheit.

1.1 Das Grundgesetz

Verfassung der Bundesrepublik Deutschland

Das Grundgesetz trat am 24. Mai 1949 als Verfassung der Bundesrepublik Deutschland in Kraft. Es legt die wesentlichen staatlichen System- und Wertentscheidungen fest.

Das Grundgesetz (GG) steht über allen anderen Rechtsnormen der deutschen Gesetzgebung, z. B. den Verfassungen der Bundesländer. Über die Einhaltung und Auslegung der Bestimmungen des Grundgesetzes wacht das Bundesverfassungsgericht (↑ S. 32). Eine Änderung des GG, welche die Gliederung des Bundes in Länder, die grundsätzliche Mitwirkung der Länder bei der Gesetzgebung und die in den Art. 1 bis 20 GG niedergelegten Grundsätze (v. a. Grundrechte, Gewaltenteilung, Volkssouveränität und Bundesstaatsprinzip) berührt, ist nach Art. 79 Abs. 3 GG unzulässig **(„Ewigkeitsklausel“).** Sonstige Änderungen bedürfen einer Zweidrittelmehrheit in Bundestag und Bundesrat.

Aufbau des Grundgesetzes

Präambel	
Art. 1–19:	Grundrechte
Art. 20–37:	Bund und Länder
Art. 38–69:	Aufgaben und Befugnisse der obersten Bundesorgane
Art. 70–82:	Gesetzgebung des Bundes
Art. 83–91 b:	Ausführung der Bundesgesetze und Bundesverwaltung, Gemeinschaftsaufgaben
Art. 92–104:	Rechtsprechung
Art. 104 a–115:	Finanzwesen
Art. 115 a–115 l:	Verteidigungsfall
Art. 116–146:	Übergangs- und Schlussbestimmungen

1.2 Grundrechte und Verfassungsvorgaben

Die Grundrechte gewähren dem Bürger Schutz gegenüber staatlichen Zugriffen (**Abwehrrechte**) und **Teilhaberechte** durch Mitwirkungs-, ggf. auch Leistungsansprüche an den Staat. Die **Menschenwürde** (Art. 1 GG) ist die Fundamentalnorm des Grundgesetzes, die alle staatliche Gewalt bindet. Eingriffe in die Grundrechte sind nur möglich, wenn sie durch das Grundgesetz erlaubt sind. Jeder, der sich durch staatliches Handeln in seinen Grundrechten verletzt sieht, kann vor den Verwaltungsgerichten klagen bzw. das Bundesverfassungsgericht im Wege einer Verfassungsbeschwerde anrufen.

Grundrechte

Menschenrechte	**Bürgerrechte**
allgemeine Rechte, die jedem Menschen ungeachtet seiner Staatsangehörigkeit zukommen	allgemeine Rechte der Angehörigen des deutschen Staates
Beispiel: allgemeine Persönlichkeitsrechte	*Beispiel:* Vereinigungs- und Versammlungsfreiheit

Von den Grundrechten sind die **Staatszielbestimmungen** zu unterscheiden. Es sind bindende Bestimmungen der Verfassung, besonders an die staatlichen Organe gerichtet, die ihnen die fortdauernde Beachtung oder Erfüllung sachlich umschriebener Ziele vorschreiben. Sie bilden die Richtschnur zur Auslegung der Gesetze, gewähren jedoch dem Bürger kein eigenes subjektives Recht. So verpflichtet Art. 20a GG den Staat zum Schutz der natürlichen Lebensgrundlagen und der Tiere.
Die Staatszielbestimmungen werden abgegrenzt von den **Staatsstrukturprinzipien** des GG (Art. 20 Abs. 1–3, Art. 28, ↑ S. 11).

Grundrechte in der historischen Entwicklung

1679 **Habeas-Corpus-Akte:** Schutz vor willkürlicher Verhaftung; Recht, einem Richter vorgeführt zu werden.

1689 **Bill of Rights:** Petitionsrecht und Recht auf ein schnelles und faires Gerichtsverfahren.

1776 **Virginia Declaration of Rights:** Alle Menschen sind von Natur aus gleich und frei; ihr Leben und Eigentum sind unverletzlich.

1776 **Amerikanische Unabhängigkeitserklärung:** Recht auf Leben und Streben nach Glück sind unveräußerlich.

1789 **Erklärung der Menschen- und Bürgerrechte in der Französischen Revolution:** Recht auf Freiheit (liberté), Gleichheit (egalité), Meinungs-, Glaubens- und Gedankenfreiheit sowie Recht auf Eigentum.

1848 **Paulskirchenverfassung:** Garantie von Freizügigkeit, Berufsfreiheit, Auswanderungsfreiheit, Briefgeheimnis, Meinungs- und Pressefreiheit, Glaubens- und Gewissensfreiheit, Versammlungsfreiheit und Recht auf Eigentum.

1919 **Weimarer Verfassung:** u. a. zusätzlich als soziale Grundrechte Anspruch auf Arbeit und auf Gesundheit.

1948 **Allgemeine Erklärung der Menschenrechte, verabschiedet von den UN:** Grundstein für den internationalen Menschenrechtsschutz.

Das Grundgesetz (1949) knüpft an die Paulskirchenverfassung an, korrigiert die Weimarer Reichsverfassung und garantiert:

- **Freiheitsrechte:** z. B. freie Entfaltung der Persönlichkeit (Art. 2), Glaubensfreiheit (Art. 4), Meinungs-, und Pressefreiheit, Versammlungs- und Vereinigungsfreiheit (Art. 8 und 9).
- **Gleichheitsrechte:** z. B. Gleichberechtigung aller Menschen (Art. 3), gleiche Bedingungen für eheliche und nicht eheliche Kinder (Art. 6 Abs. 5), gleicher Zugang zu öffentlichen Ämtern (Art. 33 Abs. 2).
- **Unverletzlichkeitsrechte:** Schutz vor staatlichen Eingriffen, z. B. Schutz der Menschenwürde (Art. 1), Recht auf Leben (Art. 2 Abs. 2), Unverletzlichkeit der Wohnung (Art. 13),

Recht auf Eigentum (Art. 14), eingeschränktes Verbot von Ausbürgerung und Auslieferung (Art. 16), Abschaffung der Todesstrafe (Art. 102).

- **Verfahrensrechte**: Rechtswegegarantie (Art. 19 Abs. 4), Anspruch auf einen gesetzlichen Richter (Art. 101 Abs. 1) und rechtliches Gehör (Art. 103 Abs. 1), Rechtsgarantien bei Freiheitsentzug (Art. 104).

1.3 Staatsform und Staatsstrukturprinzipien

Politische Ordnung

Deutschland ist eine Republik und eine Demokratie. Nach Art. 20 und 28 GG ist die politische Ordnung der Bundesrepublik Deutschland gekennzeichnet durch die Staatsstrukturprinzipien Rechtsstaat, Sozialstaat und Bundesstaat.

Staatsform

- **Republik:** Bei einer Republik ist das Staatsoberhaupt im Unterschied zur Monarchie auf begrenzte Zeit gewählt. Der Bundespräsident ist das Staatsoberhaupt der Bundesrepublik Deutschland (↑ S. 31).
- **Demokratie:** Demokratie bedeutet Volksherrschaft, d. h., das Volk ist Träger der Staatsgewalt, die es in Wahlen und Abstimmungen ausübt. Das Prinzip der Volkssouveränität ist in Art. 20 GG verankert. Wahlen müssen allgemein, unmittelbar, frei, gleich und geheim durchgeführt werden (Art. 38 GG). Das Grundgesetz kennt Formen der indirekten (repräsentativ-parlamentarischen) und der direkten Demokratie.

In der **repräsentativ-parlamentarischen Demokratie** werden die politischen Entscheidungen nicht von den Bürgern selbst getroffen, sondern von den in das Parlament (↑ S. 24–28) gewählten Volksvertretern (Parlamentariern/Abgeordneten). Aufgrund der Erfahrungen der Weimarer Republik sieht das Grundgesetz – im Gegensatz zu den meisten Länderverfassungen (↑ S. 22 f.) – nur bei Neugliederung des Bundesgebiets die direkte Beteiligung der Bürger per Volksabstimmung (**direkte Demokratie**) vor (Art. 29 GG).

Staatsstrukturprinzipien

Wesentliche Merkmale eines **Rechtsstaats** sind:

- **Gewaltenteilung:** Aufteilung der Staatsgewalt auf sich gegenseitig kontrollierende Teilgewalten der **Legislative** (gesetzgebende Gewalt: Parlament), **Exekutive** (vollziehende Gewalt: Regierung, Verwaltung, Militär, Polizei) und **Judikative** (richterliche Gewalt: unabhängige Richter). So soll ein Machtmissbrauch verhindert werden. Die drei Teilgewalten sind z. T. nicht strikt voneinander getrennt. Dies wird als **Gewaltenverschränkung** bezeichnet (↑ S. 6 f.).
  Beispiel: Parlamentarische Staatssekretäre der Bundesministerien gehören als Mitglieder des Bundestages (MdB) der Legislative und als Mitglied der Bundesregierung der Exekutive an.
  Die bereits in Antike und Mittelalter und von J. Locke (1632–1704) in Grundzügen entwickelte Idee der Gewaltenteilung wurde von Ch. de Montesquieu (1689–1755) zur neuzeitlich-liberalen Gewaltenlehre weiterentwickelt.
- **Gesetzmäßigkeit der Verwaltung:** Staatliches Handeln darf geltendem Recht nicht widersprechen (Vorrang des Gesetzes), der Staat darf grundsätzlich nicht ohne Rechtsgrundlage handeln (Vorbehalt des Gesetzes).

1

- **Gewährleistung von Grundrechten und Bindung des Staates daran** (↑ S. 8 f.).
- **Grundsatz der Verhältnismäßigkeit:** Eine Maßnahme des Staates muss geeignet, erforderlich und angemessen sein.
- **Grundsatz der Rechtssicherheit:** Rechtsnormen müssen klar und beständig sein, sodass sich die Bürger darauf verlassen können.
- **Rechtsschutz** durch unabhängige Gerichte und Garantie der Justizgrundrechte (Art. 101–104 GG).
- **Widerstandsrecht:** Das Grundgesetz ist als „wehrhafte Demokratie" ausgestaltet, in der jeder ein Widerstandsrecht gegen die Feinde der freiheitlich-demokratischen Grundordnung hat, sofern sie nicht anders bekämpft werden können.

Wesentliche Merkmale eines **Sozialstaats** sind:

- **soziale Gerechtigkeit:** Schutz der Schwachen und Schutz des Gemeinwohls gegen Individual- und Gruppenegoismen.
- **soziale Grundrechte:** Das Grundgesetz sichert nur wenige soziale Grundrechte zu.
  Beispiel 1: Jede Mutter hat nach Art. 6 Abs. 4 GG Anspruch auf den Schutz und die Fürsorge der Gemeinschaft.
  Beispiel 2: Den unehelichen Kindern „sind die gleichen Bedingungen für ihre leibliche und seelische Entwicklung und ihre Stellung in der Gesellschaft zu schaffen wie den ehelichen Kindern." (Art. 6 Abs. 5 ff. GG)
- **soziales Handeln des Staates**: Mehrere Grundrechtsartikel fordern vom Staat soziales Handeln bzw. ermöglichen dies:
  Beispiel 1: Aus Art. 1 GG lässt sich ableiten, dass der Staat allen Bürgern das materielle Existenzminimum sichern muss.
  Beispiel 2: Die Gleichberechtigung von Mann und Frau und das Diskriminierungsverbot (Art. 3 GG) verpflichten dazu, soziale Ungleichheiten zu beseitigen und für Gleichbehandlung zu sorgen.
  Beispiel 3: Grund und Boden, Naturschätze und Produktions-

mittel können zum Zweck der Vergesellschaftung durch ein Gesetz … in Gemeineigentum oder in andere Formen der Gemeinwirtschaft überführt werden." (Art. 15 GG)

Wesentliche Merkmale eines **Bundesstaates** sind:

- **föderale Ordnung:** Die 16 deutschen Bundesländer bilden gemeinsam den Gesamtstaat, der völker- und staatsrechtlich souverän ist. Die Bundesländer haben einen eigenen beschränkten politischen Gestaltungsraum in Exekutive, Legislative und Judikative, jedoch keine Hoheitsmacht in der Außen- und Verteidigungspolitik. Das Grundgesetz verpflichtet den Bund zur Herstellung „gleichwertiger Lebensverhältnisse" in Deutschland (Art. 72 Abs. 2 GG). Deshalb wird durch den Länderfinanzausgleich die unterschiedliche Finanzkraft der Länder ausgeglichen. Auch der Bund kann leistungsschwachen Ländern Finanzhilfen gewähren.
- **Beteiligung der Länder an der Gesetzgebung:** Grundsätzlich genießt das Bundesrecht Vorrang vor dem Landesrecht. Die landesbezogene Gesetzgebungskompetenz liegt aber grundsätzlich bei den Ländern, sofern sie nicht ausdrücklich dem Bund (ausschließliche oder konkurrierende Gesetzgebung) zugewiesen wird. Bei der Bundesgesetzgebung haben die Länder über den Bundesrat ein abgestuftes Mitwirkungsrecht (↑ S. 29 f.). Neben dem Bund regelt heute zunehmend die EU (↑ S. 54) eine Vielzahl von Politikfeldern. Dies hat die Länderlegislativen in ihrer Bedeutung geschmälert, obwohl Art. 23 GG eine Beteiligung der Länder in europäischen Fragen vorsieht.
- **verteilte Exekutivkompetenz:** Der Bund hat nur eine verhältnismäßig kleine bundeseigene Verwaltung (Zoll, Verkehrswege); er nutzt weitgehend die Verwaltung der Länder und Kommunen. Die Länder haben eigene Exekutiven (Landesregierung und nachgeordnete Behörden) und Judikativen (z. B. Landesverfassungsgerichte).

1.4 Akteure und Verfahren in der politischen Meinungs- und Willensbildung

Definition: Parteien

Parteien sind Organisationen von politisch Gleichgesinnten mit einem zu den wesentlichen Politikfeldern aussagekräftigen Programm, einer Satzung und politischem Durchsetzungswillen. Sie vermitteln zwischen Staat und Gesellschaft.

Aufgaben von Parteien in Deutschland sind nach § 21 GG und dem Parteiengesetz vor allem:
- Mitwirkung bei der politischen Willensbildung,
- politische Arbeit in Parlamenten und Regierungen,
- politische Bildung und Aktivierung der Bürger,
- Aufstellung von Kandidaten.

Parteiensysteme

Neben dem in nur noch wenigen Staaten vorhandenen **Einparteiensystem** (z. B. Nord-Korea) findet man, abhängig vom Wahlsystem (↑ S. 20), auf dem Prinzip der Parteienkonkurrenz basierende **Zweiparteiensysteme** (z. B. USA) oder **Mehrparteiensysteme** (z. B. Deutschland, Frankreich).

In Deutschland ist das Parteiensystem nach der Vereinigung beider deutscher Staaten 1990 pluralistischer geworden. Neben den großen Volksparteien CDU und SPD wirken auf Bundesebene drei kleinere Parteien: FDP, Bündnis 90/Die Grünen und PDS. Daneben treten auch andere, im **Parteienregister** vermerkte „Kleinstparteien" bei Wahlen an, die ebenso wie alle anderen Parteien Anspruch auf staatliche Zuschüsse zur **Parteienfinanzierung** haben. Verfassungswidrige Parteien können vom Bundesverfassungsgericht verboten werden (↑ S. 32).

Die Binnenstruktur von Parteien ist entscheidend für das Gelingen oder Versagen von Demokratie. Neben **Programm** und **Satzung** muss „ihre Ordnung demokratischen Grundsätzen“ entsprechen (Art. 21 Abs.1 GG).

Organisation und Ordnungsgrundsätze

- Vertikaler Aufbau der Parteien von unten nach oben

  als Gebietsverbände mit je eigenständiger Willensbildung durch Parteitage und Parteivorstände (= mind. drei Mitglieder, die für mind. zwei Jahre gewählt werden)
- Verpflichtung der Parteien zur „**öffentlichen Rechenschaft**“ über Herkunft und Verwendung ihrer Mittel (= Mitgliedsbeiträge, Spenden und staatliche Wahlkostenerstattungspauschale), und über ihr Vermögen (Art. 21 Abs. 1 GG)
- Eine neue Partei erhält ihre **Zulassung** zu Wahlen auf Landes- oder Bundesebene, wenn sie dort die Unterschrift von mind. 0,5 % aller Wahlberechtigten hat.
- **Mitgliederrechte** und sog. „**innere Ordnung**“:
  - gleiches Stimmrecht,
  - Chancengleichheit im Zugang zu den Parteiämtern,
  - Einfluss auf das Programm,
  - Verantwortung der Führung und deren Kontrolle durch die Mitglieder,
  - Freiheit von Ein- und Austritt,
  - geheime Wahl der Vorstände (auf Parteitagen), der Delegierten und Parlamentskandidaten.

Beispiel: Freie Demokratische Partei (FDP)

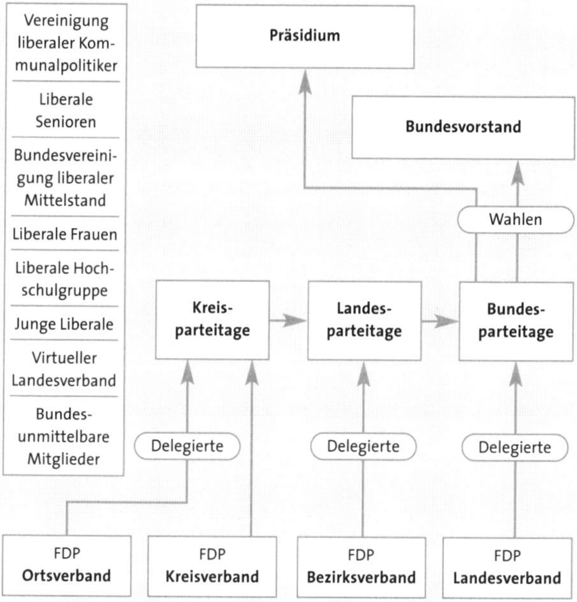

Parteimitglieder in der politischen Praxis

- Nur rund 4% der Bevölkerung sind in Parteien organisiert. Sie repräsentieren jedoch weder die Wählerschaft als Ganzes noch die Gesellschaft. Die Mitgliedszahlen sind seit den 1990er-Jahren stark rückläufig.
- Die Aktivitäten von Parteimitgliedern sind unterschiedlich:
  - Beitragszahler ohne Aktivität (75–85% der Mitglieder),
  - ehrenamtliche Parteiaktive an der Parteibasis,
  - hauptamtliche Parteiangestellte auf Kreis-, Landes- und Bundesebene,
  - Mandatsträger.

Medien

Art. 5 GG sichert Meinungs-, Informations- und Pressefreiheit. **Meinungsfreiheit** beinhaltet das Recht, die eigene Meinung frei von staatlicher Zensur und Repressalien zu äußern. Die deutsche Medienlandschaft ist geprägt von dem Dualismus von öffentlich-rechtlichen und privaten Rundfunk- und Fernsehanstalten.

Informations- und Berichterstattungsfreiheit steht für das Recht, sich ungehindert aus öffentlichen Quellen informieren zu dürfen. Dazu gehört die Verpflichtung der Behörden, Informationen zu Verwaltungsvorgängen zugänglich zu machen.

Pressefreiheit beinhaltet das Recht auf freie Ausübung der Pressetätigkeit, vor allem auf das unzensierte Veröffentlichen von Informationen und Meinungen sowie ein Zeugnisverweigerungsrecht von Journalisten.

Agenda-setting

Die Medien bestimmen mit ihrer Auswahl an Themen und Bildern, womit sich die Öffentlichkeit beschäftigt.

Aufgaben der Medien

- Möglichst objektiv über Politik berichten und sachlich zutreffende Urteile ermöglichen,
- Meinungen der Bevölkerung artikulieren und bewerten,
- Kontrolle der Amtsträger (**„vierte Gewalt“**, d. h. kritische Begleitung von Exekutive, Legislative und Judikative).

Entwicklungen, die die Aufgaben der Medien gefährden

- **Infotainment:** Beeinträchtigung der Informationsfunktion durch Verknüpfung von Information und Entertainment;
- **Inszenierung:** Überlagerung der Sachinformation durch mediengerechte Selbstdarstellung von Politikern und Personalisierung von Sachfragen.

Interessenorganisationen

Interessenorganisationen als Vermittlungsinstanz

Interessenorganisationen (Verbände und Bürgerinitiativen) wirken nach den Parteien als wichtigste Vermittlungsinstanz zwischen Bevölkerung und Staat.

Bürgerinitiativen sind meist örtliche, auf ein Ziel orientierte Zusammenschlüsse als Reaktion auf Planungen oder Entscheidungen von Politik und Verwaltung.

Verbände sind Interessenvereinigungen von natürlichen oder juristischen Personen mit politischer Absicht. Sie betreiben **Lobbying** (Lobby = Vorhalle des Parlaments), d. h. Umgang mit Politikern, Behörden, Pressevertretern und anderen Meinungsträgern, um Partikularinteressen durchzusetzen (↑ S. 56). Verbände stellen als Gegenleistung für politischen Einfluss Expertenwissen zur Verfügung. Nach § 24 der gemeinsamen Geschäftsordnung der Bundesregierung sind Verbände bei der Vorbereitung von Gesetzen zu beteiligen. Es gibt:

- Interessenverbände im **Wirtschafts- und Arbeitsbereich:** Unternehmer-, Arbeitnehmerverbände (z. B. DGB), Berufsverbände (z. B. Verein Deutscher Ingenieure), Verbraucherverbände (z. B. Bundesverband der Verbraucherzentralen);
- Verbände im **sozialen Bereich:** Wohlfahrtsverbände, Kriegsfolgenverbände (z. B. Bund der Vertriebenen), sonstige Verbände (z. B. Allg. Behindertenverband in Deutschland e.V.);
- Vereinigungen im **Freizeitbereich:** z. B. DSB;
- Vereinigungen **politisch-ideeller Art:** z. B. Greenpeace.

Von Politikwissenschaftlern wird Deutschland auch als „Verbändestaat“ bezeichnet. Damit kennzeichnen sie den hohen Einfluss der Verbände auf die Politik. Ohne die Verbände sei in einigen Bereichen ein Zustand der Unregierbarkeit gegeben.

Wahlrecht und Wahlsystem in Deutschland

Wahlrechtsgrundsätze

Wie in Demokratien üblich, unterliegt Deutschland den Grundsätzen der allgemeinen, unmittelbaren, freien, gleichen und geheimen Wahl.

Grundmodelle der Wahlsysteme

	Verhältniswahl	Mehrheitswahl
Wahlgebiet	gesamtes Territorium	alle Wahlkreise des Wahlgebiets; Anzahl entspricht den zu vergebenden Parlamentssitzen
Wahlentscheidung zwischen	Kandidatenlisten von Parteien, die die Reihenfolge der Kandidaten bestimmen	Kandidaten des jeweiligen Wahlkreises, die die relative oder die absolute Stimmenmehrheit erzielen müssen (relative/absolute Mehrheitswahl)
Zuteilung der Mandate an Parteien	entsprechend ihrem prozentualen Stimmenanteil	Jede Partei erhält so viele Mandate, wie sie Wahlkreise gewonnen hat.
Zuteilung der der Mandate an Abgeordnete	nach Platzierung auf der Kandidatenliste	durch persönlichen Wahlerfolg im Wahlkreis

Personalisierte Verhältniswahl (Bundestagswahl)

Dieses Wahlsystem soll die Vorteile der beiden Grundmodelle miteinander verbinden: Jeder Wähler hat eine **Erststimme** (direkte Wahl des Abgeordneten nach relativer Mehrheitswahl) und eine **Zweitstimme** (Wahl der Landesliste einer Partei).

Auszählverfahren (nach Hare-Niemeyer): Zuerst wird errechnet, wie viele Mandate jeder Partei aufgrund ihrer Zweitstimmenzahl zustehen. Dabei bleiben die Parteien unberücksichtigt, die weniger als 5% der Zweitstimmen erhalten haben (5%-Hürde). Dies gilt nicht, wenn eine Partei mindestens drei Direktmandate gewinnt. Die Mandate werden entsprechend dem Stimmenanteil in den Bundesländern auf die jeweiligen Landeslisten verteilt.

Beispiel: Verteilung der Sitze auf die Parteien im Bundestag (vereinfacht, drei Parteien haben die 5%-Hürde übersprungen)

Partei	Sitze gesamt	Zweitstimmen nach Partei	Anzahl der insgesamt abgegebenen Zweitstimmen	Ergebnis ergibt ganzzahligen Anteil (=Mandate)	„Rest"	weitere Mandate nach größtem Rest	Sitze
A	598 ×	430 000	: 1 030 000 =	249	65	+ 1	250
B	598 ×	390 000	: 1 030 000 =	226	43	+ 0	226
C	598 ×	210 000	: 1 030 000 =	121	92	+ 1	122
ges.		1 030 000		596		+ 2	598

Verteilung der Sitze auf Partei A, Bundesland Y, nach Formel:

$$\frac{\text{Gesamtzahl Sitze Partei A (250)} \times \text{Zweitstimmen Partei A im Bundesland Y (hier: 39 500)}}{\text{Gesamtzahl der Zweitstimmen der Partei A (hier: 430 000)}}$$

Ergebnis für Partei A: 22,965 (= 23 Sitze). Sie fallen zunächst an die direkt gewählten Abgeordneten in diesem Bundesland; die verbleibenden Sitze werden auf die Bewerber der Partei nach ihrer Reihenfolge auf der Landesliste verteilt.

Bürgerbeteiligung

Definition: Bürgerbeteiligung

Bürgerbeteiligung (Partizipation) umfasst im weitesten Sinn alle Formen der Teilnahme von einzelnen Bürgern oder Gruppen an der Politik mit dem Ziel, Willensbildungs- und Entscheidungsprozesse in Personal- und Sachfragen mitzubestimmen.

Auf Bundesebene entscheiden die Bürger über Personalfragen durch Wahlen, über Sachfragen nur im Fall von Länderneugliederungen (Art. 29, 118). In den 1990er-Jahren haben viele Bundesländer die Möglichkeiten der direkten Demokratie erweitert. Es gibt:

- **Volksinitiative:** Recht einer bestimmten Zahl von Wahlberechtigten, durch Unterschriftensammlung bestimmte Themen der politischen Willensbildung dem Parlament zur Befassung vorzulegen.
- **Volksbegehren:** Recht der Gesetzesinitiative durch das Volk; mit den Unterschriften einer bestimmten Anzahl von Wahlberechtigten kann ein Volksentscheid über den Erlass, die Änderung oder die Aufhebung eines Gesetzes beantragt werden. In Nordrhein-Westfalen muss ein Volksbegehren von mindestens 20 % der Stimmberechtigten gestellt werden.
- **Volksentscheid:** Entscheidung des Volkes über einen Gesetzentwurf. Der Erfolg ist i. A. an ein bestimmtes Quorum (Beteiligung) gebunden.

Oft geben auch Kommunalverfassungen Bürgern das Recht, in vielen Angelegenheiten zu entscheiden, ausgenommen sind i. A. Fragen, die die Haushaltssatzung betreffen. In einigen kleineren Kommunen haben allerdings bereits die Bürger über Finanzangelegenheiten entschieden. Man unterscheidet verschiedene Formen der Bürgerbeteiligung auf kommunaler Ebene:

- **Bürgerbegehren:** Recht einer bestimmten Zahl Wahlberechtigter, per Antrag an die Gemeindevertretung eine Entscheidung über eine kommunalpolitische Sachfrage durch Bürgerentscheid herbeizuführen.
- **Bürgerentscheid:** Abstimmung der Wahlberechtigten einer Gemeinde über eine kommunalpolitische Sachfrage. Der Erfolg ist von einem bestimmten Beteiligungsquorum abhängig. Beschließt der Gemeinderat von sich aus einen Bürgerentscheid, nennt man es **Ratsentscheid**.
- **Direktwahl des Bürgermeisters:** In vielen Bundesländern werden Bürgermeister direkt und für eine längere Legislatur als der Rat gewählt. Einige Bundesländer eröffnen auch die Möglichkeit zur Abwahl des Bürgermeisters.

Weitere Beteiligungsmöglichkeiten der Bürger vor Ort sind:
- **Einwohnerantrag:** Eine Anzahl von Einwohnern kann den Rat zwingen, sich mit einer Angelegenheit zu befassen.
- **Fragestunde im Rat:** Einwohner können Fragen an den Rat und die Verwaltung stellen.
- **Einwohnerversammlung:** Bürgermeister und Verwaltung unterrichten Einwohner über kommunalpolitische Anliegen.
- **Beiräte:** Ausländerbeiräte, Seniorenbeiräte, Jugendforen/ Jugendgemeinderäte u. a. Beiräte beraten den Rat in bestimmten Fragen. Sie haben Anhörungs- und Antragsrechte.
- **sachkundige Bürger:** In den Ratsausschüssen können sachkundige Einwohner mit beratender Stimme mitwirken. Sie werden i. A. von den Fraktionen benannt. Bei Einzelfragen können Sachverständige hinzugezogen werden.

Bürgerschaftliches Engagement, das sich auch auf die Politik auswirkt, findet ferner u. a. in Vereinen, Verbänden (↑ S. 19), Bürgerinitiativen (↑ S. 19), in Arbeitsgemeinschaften, durch Patenschaften, im Wege der Nachbarschaftshilfe oder durch Bürgerstiftungen statt.

1.5 Verfassungsorgane

Bundestag

Stellung des Bundestags

Der Bundestag ist die Volksvertretung der Bundesrepublik Deutschland mit Sitz in Berlin.

Bundestag und Abgeordnete

- **Zusammensetzung:** insgesamt 598 Abgeordnete, davon 299 aus Wahlkreisen, 299 aus Landeslisten. Hinzu kommen ggf. Überhangmandate, wenn eine Partei mehr Direktmandate erringt, als ihr aufgrund des Anteils an Zweitstimmen zustehen (↑ S. 21). Die Legislaturperiode dauert vier Jahre.
- **Vorsitz:** Bundestagspräsident. Er wird von der stärksten Bundestagsfraktion nominiert und in der konstituierenden Sitzung des Parlaments gewählt.
- **Plenum:** öffentlich tagende Vollversammlung der Abgeordneten des Bundestags.
- **Fraktionen:** Zusammenschluss von mindestens 5 % der Abgeordneten mit gleicher politischer Ausrichtung.
  Beispiele: CDU/CSU-Fraktion, SPD-Fraktion, FDP-Fraktion.
- **Arbeitskreise:** thematisch orientierte Arbeitsgruppen innerhalb der Fraktionen, die Entscheidungen der Gesamtfraktion vorbereiten; den Ministerien entsprechend angelegt.
- **Ausschüsse:** Gremien zur Vorbereitung der Entscheidungen des Bundestags, in dem die Abgeordneten entsprechend den Mehrheitsverhältnissen im Bundestag vertreten sind; den Ministerien entsprechend angelegt.
  Beispiele: Haushaltsausschuss, Verteidigungsausschuss.
- **freies Mandat:** „Die Abgeordneten des Bundestags sind die Vertreter des ganzen Volkes, an Aufträge und Weisungen nicht gebunden und nur ihrem Gewissen unterworfen“ (Art. 38

Abs. 1 GG). Das freie Mandat steht in einem Spannungsverhältnis zu der Fraktionsdisziplin, derzufolge das Abstimmungsverhalten der Abgeordneten einer vorgegebenen Fraktionslinie unterliegt.

- **Indemnität:** Schutz der Abgeordneten vor gerichtlicher Verfolgung wegen Äußerungen im Parlament.
- **Immunität:** Schutz der Abgeordneten gegen Strafverfolgung auch außerhalb der parlamentarischen Arbeit.

Gesetzgebungsverfahren im Bundestag (vereinfacht)

1. Phase: **Initiierung.** Bundesregierung, mindestens 5 % der Abgeordneten oder Bundesrat

2. Phase: **Erste Lesung.** Aussprache im Plenum über Grundsätze des Entwurfs – Überweisung in zuständige Ausschüsse.

3. Phase: **Ausschussberatung.** Detailberatung durch Fachleute der Fraktionen – Anhörung von Sachverständigen – Bericht und Beschlussempfehlung des Ausschusses.

4. Phase: **Zweite Lesung.** Berichterstattung der Ausschüsse – detaillierte Diskussion über Details im Plenum.

5. Phase: **Dritte Lesung.** Grundsatzerklärungen der Fraktionen in Plenum – Abstimmung über den Entwurf.

6. Phase: Bei Annahme **Weiterleitung an den Bundesrat.** Zustimmungsgesetze (z. B. Gesetze, die Länderinteressen berühren) treten in Kraft, wenn auch der Bundesrat zustimmt. Einspruchsgesetze treten ohne ausdrückliche Zustimmung des Bundesrates in Kraft, denn ein Einspruch des Bundesrates kann vom Bundestag überstimmt werden. Bei Bedarf Anrufung des **Vermittlungsausschusses** (gemeinsames Gremium von Bundestag und Bundesrat).

7. Phase: Das beschlossene Gesetz wird vom Bundeskanzler oder dem fachlich zuständigen Minister unterschrieben (Gegenzeichnung), danach vom Bundespräsidenten ausgefertigt und im Bundesgesetzblatt verkündet.

Grundfunktionen des Bundestags

- **Wahlfunktion:** Wahl des Bundeskanzlers und mit ihm der Bundesregierung, Wahl des Wehr- und des Datenschutzbeauftragten, Beteiligung an der Wahl des Bundespräsidenten und der Verfassungsrichter;
- **Gesetzgebungsfunktion:** Initiative, Beratung und Verabschiedung von Gesetzen. Dazu gehören u. a. das Budgetrecht, d. h. die Verabschiedung des Haushaltsgesetzes;
- **Kontrollfunktion:** Kontrolle der Regierung;
- **Artikulationsfunktion:** Der Bundestag ist öffentliches Forum für die Diskussion politischer Grundfragen (Öffentlichkeitsfunktion) und soll die politischen Anschauungen des Volkes repräsentieren (Repräsentationsfunktion).

Regierung und Mehrheitsfraktionen versus Opposition

In der Regel sind allein die Mehrheitsfraktionen am politischen Erfolg der Regierung interessiert. Sie tragen die Regierungsarbeit. Insofern verschmelzen also Legislative und Exekutive eng miteinander. Daraus folgt ein **Dualismus** zwischen Bundesregierung und Mehrheitsfraktionen auf der einen, der Opposition auf der anderen Seite. Machtkontrolle im Sinne Montesquieus (↑ S. 6) ist insofern vorrangig Sache der Opposition.

Wichtige Kontrollinstrumente des Bundestags

- **konstruktives Misstrauensvotum:** Der Bundestag kann dem Bundeskanzler das Misstrauen aussprechen, indem er mit Mehrheit einen Nachfolger wählt (Art. 67 GG);
- **Haushalts- und Finanzkontrolle** (Art. 110, 114 GG);
- **Anfragen** (u. a. sog. große und kleine Anfragen);
- Erarbeitung von Vorlagen, Veränderungs- und Entschließungsanträgen im Rahmen der Gesetzgebungsarbeit;
- Einsetzung von **Enquete-Kommissionen** bei komplexen Problemen; **Hearings** mit Experten;
- Einsetzung von **Untersuchungsausschüssen.**

Bundesregierung

Stellung der Bundesregierung

Die Bundesregierung ist das politische Exekutiv- und Koordinierungsorgan für die innere Gestaltung des Landes und die Regelung seiner auswärtigen Angelegenheiten.

Zusammensetzung und Arbeitsweise

- **Zusammensetzung:** Bundeskanzler und alle Bundesminister (Kabinett) tagen in der Regel wöchentlich in Berlin unter dem Vorsitz des Bundeskanzlers.
- **Strukturprinzipien für das Regierungshandeln:** Der Bundeskanzler bestimmt nach Art. 65 GG die Richtlinien der Politik (Richtlinienkompetenz) und trägt dafür die politische Verantwortung (Kanzlerprinzip). Er bestimmt über Zuschnitt der Ministerien und Auswahl der Minister. Er verfügt über das Bundeskanzleramt, die Zentrale der Regierungsarbeit. Er steuert über das Presse- und Informationsamt der Bundesregierung die Außendarstellung der Regierung.
  Innerhalb der Richtlinien des Bundeskanzlers leitet jeder Minister sein Ressort selbstständig und eigenverantwortlich (Ressortprinzip).
  Die wichtigen Entscheidungen werden vom Kabinett gemeinsam gefällt (Kollegialprinzip). Bei Meinungsverschiedenheiten zwischen Bundesministern entscheidet das Kabinett.

Regierungswechsel

- **Vertrauensfrage:** Beantragt der Bundeskanzler, dass ihm der Bundestag das Vertrauen aussprechen soll (Art. 68 GG), wird damit danach gefragt, ob die Politik der Bundesregierung den notwendigen Rückhalt im Parlament hat. Findet die Vertrauensfrage keine Mehrheit, kann der Bundespräsident auf Vorschlag des Bundeskanzlers den Bundestag auflösen, sofern dieser nicht zwischenzeitlich einen neuen Bundeskanzler wählt.

Beispiel 1: Bundeskanzler H. Schmidt (SPD, 1974–1982) setzte die Vertrauensfrage 1982 ein, um eine politisch zerstrittene Regierungsmehrheit wieder zu einigen.

Beispiel 2: Bundeskanzler H. Kohl (CDU, 1982–1998) stellte nach dem konstruktiven Misstrauensvotum von 1982 bewusst die Vertrauensfrage, um den Bundestag vorzeitig auflösen zu lassen. Mit der Bundestagswahl 1983 wurde dann der politische Machtwechsel von 1982 durch Neuwahlen legitimiert.

- **konstruktives Misstrauensvotum:** ↑ S. 26;
- **Wahlen:** Politische Macht wird in Deutschland und in der EU auf Zeit vergeben und durch Wahlen legitimiert.

Kanzlerdemokratie

Wegen der starken Stellung des Bundeskanzlers im Grundgesetz und in der Politik wurde schon mit Blick auf die Kanzlerschaft K. Adenauers (1949–1963) von Deutschland als einer Kanzlerdemokratie gesprochen. Auch die der Bundestagswahl 1949 nachfolgenden Wahlen gelten als „Kanzlerwahlen", in denen sich die mediale Aufmerksamkeit vor allem auf die beiden Kanzlerkandidaten der großen Volksparteien konzentriert.

Koalitionsräson

Die Richtlinienkompetenz des Bundeskanzlers (↑ S. 27) wird durch die Koalitionsräson begrenzt: Alle bisherigen Bundesregierungen waren Koalitionsregierungen. Die Parteien, die eine Koalitionsregierung bilden wollen, schließen einen **Koalitionsvertrag,** in dem sie gemeinsame Leitlinien und Ziele der Politik definieren und die Ressorts aufteilen. Meinungsverschiedenheiten, auch über Personalfragen, werden in einem **Koalitionsausschuss** beigelegt, in dem die Regierungspartner paritätisch vertreten sind. Dieses Verfahren wird auch von den Koalitionsregierungen in den Bundesländern angewendet.

Bundesrat

Der Bundesrat als „föderale Kammer“

Durch den Bundesrat wirken die Länder bei der Gesetzgebung und Verwaltung des Bundes und in Angelegenheiten der Europäischen Union mit (Art. 23 und Art. 50 GG).

Zusammensetzung und Befugnisse

- **Zusammensetzung:** 69 Mitglieder (= Stimmen), die von den Landesregierungen bestellt und abberufen werden;

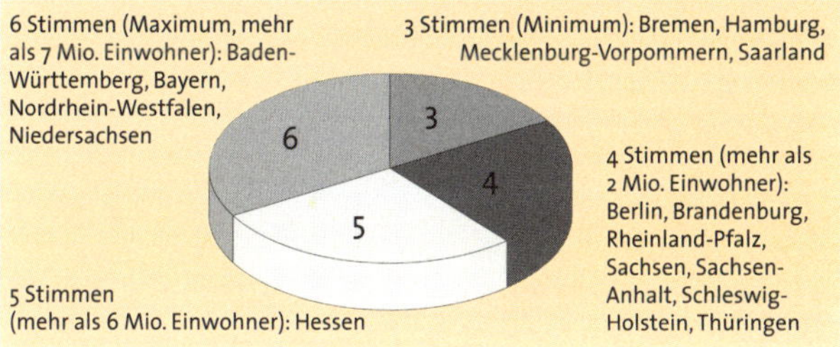

- **Vorsitz:** Der Bundesrat tagt ohne Legislaturperioden unter dem Vorsitz des Bundesratspräsidenten in Berlin. Das Amt wechselt jährlich unter den Ministerpräsidenten. Der Bundesratspräsident vertritt den Bundespräsidenten, wenn dieser verhindert ist (Art. 57 GG).
- **Kompetenzen:** Bundesrat und Bundestag bilden die Legislative. Vom Bundestag beschlossenen Gesetzen, die die Interessen der Länder in besonderer Weise berühren – z. B. Steuergesetze –, muss der Bundesrat zustimmen (**Zustimmungsgesetze**). Nicht zustimmungsbedürftige Gesetze werden als **Einspruchsgesetze** bezeichnet: Der Bundesrat hat ein Einspruchsrecht, das vom Bundestag überstimmt werden kann.

Vor- und Nachteile des deutschen Föderalismus

Vorteile

- **Bürgernähe**: Staatliches Handeln wird durch föderale Strukturen überschaubarer und verständlicher.
- **politische Beteiligung**: Es gibt mehr Möglichkeiten des politischen Engagements, nämlich durch die Teilnahme an Wahlen, durch die Mitgliedschaft in Parteien oder durch die Betätigung in Initiativen auf Landes- und kommunaler Ebene.
- **Wettbewerb um die besten Lösungen**: Er findet auf verschiedenen Ebenen statt:

  ① ↓ zwischen den Ländern.

  ② ↘ zwischen den Parteien, die sich in wechselnden Koalitionen im Bund und in den Ländern begegnen.

Nachteile

- **Komplexität**: Die gemeinschaftliche Aufgabenerledigung durch gemeinsame Planung und Finanzierung zwischen Bund, Ländern und Kommunen ist kompliziert und wenig transparent.
- **Finanztransfers**: Die Ausgleichszahlungen zwischen wirtschaftlich starken und schwachen Ländern (Länderfinanzausgleich) mit dem Ziel gleichwerter Lebensverhältnisse führen zu Dauerstreit zwischen Geber- und Nehmer-Ländern.
- **Kosten**: 17 Regierungen, Parlamente und Verwaltungen in Bund und Ländern verursachen erhebliche Kosten.
- **Blockade**: Bei parteipolitisch unterschiedlichen Mehrheiten in Bundestag und Bundesrat wird der Bundesrat als Blockadeinstrument benutzt.

Bundespräsident

Stellung des Bundespräsidenten

Der Bundespräsident ist das Staatsoberhaupt der Bundesrepublik Deutschland mit Amtssitz in Berlin. Er repräsentiert die Einheit des Staates nach innen und außen.

Wahl

Die Bundesversammlung wählt den Bundespräsidenten für fünf Jahre, eine einmalige Wiederwahl ist möglich. Sie setzt sich aus den Bundestagsabgeordneten und der gleichen Zahl von Delegierten aus den Länderparlamenten zusammen. Wählbar ist jeder Deutsche über 40 Jahre. De facto haben die Parteien das Vorschlagsmonopol.

Kompetenzen

- völkerrechtliche Vertretung der Bundesrepublik;
- Repräsentation der staatlichen Einheit nach innen
  Beispiel: Besuche in den Bundesländern;
- Mitwirkung an Regierung und Gesetzgebung
  Beispiel 1: Prüfung, Unterzeichnung und Verkündung des formell korrekten Zustandekommens und der Verfassungsmäßigkeit von Gesetzen (Staatsnotar);
  Beispiel 2: Ernennung und Entlassung von Bundesministern;
- Ernennung und Entlassung der Bundesrichter, Bundesbeamten und Offiziere;
- Auflösung des Bundestags (ggf. nach gescheiterter Vertrauensfrage des Bundeskanzlers, ↑ S. 27 f.);
- Verkündung von Gesetzgebungsnotstand u. Verteidigungsfall;
- Entscheidung über Begnadigungen;
- Einflussnahme auf die politische Diskussion
  Beispiel: Reden zu politischen Grundsatzfragen mit Ratschlägen oder Aufforderungen zum politischen Handeln.

Bundesverfassungsgericht

Stellung des Bundesverfassungsgerichts

Das Bundesverfassungsgericht (BVerfG) ist das höchste deutsche Gericht mit Sitz in Karlsruhe. Seine Entscheidungen binden die Verfassungsorgane von Bund, Ländern sowie alle Gerichte und Behörden in Deutschland.

Wahl und Organisation

- **Zusammensetzung und Wahl:** Die 16 Richter des BVerfG werden je zur Hälfte vom Richterwahlausschuss von Bundestag und Bundesrat mit ⅔-Mehrheit auf 12 Jahre gewählt. Wiederwahl ist ausgeschlossen. Wählbar sind über 40 Jahre alte Personen mit Befähigung zum Richteramt oder Rechtsprofessoren an deutschen Universitäten.
- **Arbeitsorganisation:** zwei Senate mit je acht Richtern.
  - Der 1. Senat (Grundrechtssenat) ist vor allem zuständig für Fragen der Auslegung der Artikel 1–17, 19, 20 Abs. 4, 33, 38, 101, 103, 104 GG.
  - Der 2. Senat (Staatsrechtssenat) ist vor allem zuständig für Organstreitigkeiten zwischen staatlichen Behörden und Parteiverbotsverfahren.
- **Vorsitz:** Präsident und Vizepräsident des BVerfG stehen jeweils einem Senat vor. Entscheidungen fallen nach dem Mehrheitsprinzip, wobei Richter ein sog. Minderheitsvotum abgeben können. Pattsituationen sind möglich („4-zu-4“).
- **Stellung:** Das BVerfG ist Verfassungs- und Justizorgan zugleich; sein Maßstab ist allein das Grundgesetz.

Wichtige Zuständigkeiten und Verfahren (Übersicht ↑ S. 34)

- **Verfassungsbeschwerde:** Jeder, der sich in seinen Grundrechten durch staatliches Handeln verletzt fühlt, kann eine Verfassungsbeschwerde einreichen. Um jedoch vor dem BVerfG klagen zu können, darf derjenigen Person kein anderes Rechtsmittel mehr offenstehen. Ausnahme sind Rechtsfragen, die von allgemeiner Bedeutung sind, oder wenn dem Kläger die Ausschöpfung des Rechtsweges nicht zumutbar ist.

- **Normenkontrolle:** Ein Gericht, das ein Gesetz für verfassungswidrig hält, kann durch einen Beschluss das Verfahren der **konkreten Normenkontrolle** vor dem BVerfG einleiten (Art. 100 GG). Auf Antrag der Bundesregierung, einer Landesregierung oder von mindestens einem Drittel der Mitglieder des Bundestags prüft das BVerfG ein Gesetz oder einen völkerrechtlichen Vertrag (**abstrakte Normenkontrolle**).

Funktionen des Bundesverfassungsgerichts im politischen System

- **Kontrolle und Korrektur:** Das BVerfG ist der oberste Wächter über das GG mit der Entscheidung über Auslegung des GG (letzte rechtliche Verbindlichkeit).
  Das BVerfG kontrolliert den politischen Prozess (Gesetzgebung) auf Einhaltung der vom GG gezogenen Schranken (Normenkontrollverfahren).
  Das BVerfG ahndet verfassungswidriges Verhaltens mit dem Ziel, Rechtsfrieden und Grundkonsens zwischen den politischen Kräften zu wahren (Parteienverbot, Entzug von Grundrechten, ↑ S. 7).
- **Integration:** Gewährleistung des Minderheitenschutzes durch Sicherung der Rechte verfassungsloyaler Minderheiten.

Das Bundesverfassungsgericht in der politischen Praxis

- **Normenkontrollverfahren:** Die Opposition nutzt dieses Instrument vielfach, um Entscheidungen in politischen Auseinandersetzungen herbeizuführen.
- **„Ersatzgesetzgeber“:** Das BVerfG gibt dem Gesetzgeber gelegentlich genaue inhaltliche Vorgaben und Umsetzungsfristen vor.

BVerfG: Zuständigkeiten und Verfahren

Verfahren	Gegenstand	Antragsberechtigte	Anzahl 1951–2003
Zuständigkeitsstreitigkeiten zwischen Verfassungsorganen sowie Bundesländern	Organstreit zwischen Verfassungsorganen Bund-Länder-Streit	Bundestag, Bundestagsfraktionen, einzelne Abgeordnete, Bundesrat, Bundesregierung, Bundespräsident, Bundesländer	2 106
Streitigkeiten über die Verfassungsmäßigkeit von Gesetzen, Rechtsverordnungen, Gerichtsurteilen	abstrakte Normenkontrolle (Vereinbarkeit Gesetz–GG)	Bundesregierung, ⅓ der Mitglieder des Bundestages, Landesregierung	3 377
	konkrete Normenkontrolle (konkreter Rechtsfall)	Gerichte	
	Verfassungsbeschwerde gegen Gesetze, Verwaltungshandeln, Gerichtsurteile	alle Bürger	141 023
Schutz der freiheitlich-demokratischen Grundordnung	Verbot verfassungswidriger Parteien	Bundesregierung, Bundesrat, Bundestag	8
	Verwirkung der Grundrechte	Bundesregierung, Bundestag, Landesregierung	4

Zusammenwirken der Verfassungsorgane

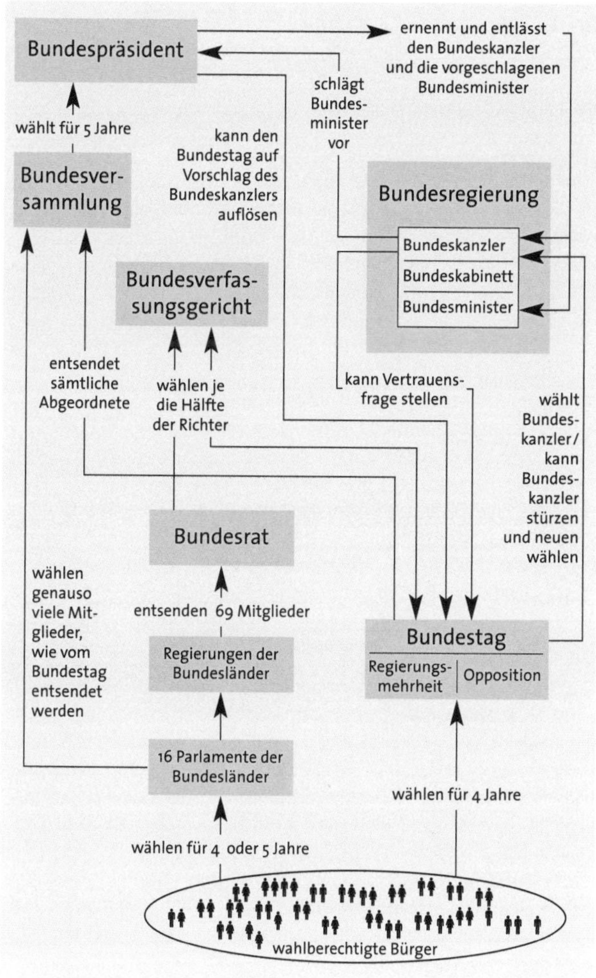

2 Die Europäische Union

Wichtige Grundbegriffe

Staatenverbund

Der Begriff Staatenverbund wurde vom Bundesverfassungsgericht eingeführt, um zunächst die Europäischen Gemeinschaften, seit 1993 die EU, zu charakterisieren. Gemeint ist ein Zusammenschluss von Staaten, der enger verbunden ist als ein **Staatenbund (Konföderation)**, der eine lose Verbindung vollständig souveräner Staaten darstellt. Die Mitgliedstaaten der EU behalten jedoch auch ihre völkerrechtliche Souveränität, was die EU wiederum von einem **Bundesstaat** unterscheidet.
Die EU hat sich als Staatenverbund eine Flagge und eine Hymne gegeben.

ASEAN, NAFTA

supranational – intergouvernemental

Die Mitgliedstaaten der EU haben gemeinsame, **supranationale** („übernationale") Institutionen eingerichtet und diesen Teile ihrer einzelstaatlichen Souveränität übertragen. Diese sind z. B. für die Außenwirtschafts- und die Landwirtschaftspolitik zuständig. In anderen Politikfeldern, z. B. in der Außen- und Sicherheitspolitik, wird Politik in der EU **intergouvernemental*** gestaltet, d. h. durch Zusammenarbeit zwischen den Regierungen.

Europäisches Parlament, Europäische Kommission, Europäischer Gerichtshof und Europäischer Rechnungshof

*Europäischer Rat und Ministerrat

2.1 Überblick zur Entstehungsgeschichte

Wertegemeinschaft EU

Die Europäische Union steht allen europäischen Staaten offen, die ihre Werte achten und sich verpflichten, ihnen gemeinsam Geltung zu verschaffen.

„Wir müssen etwas wie die Vereinigten Staaten von Europa schaffen." (Züricher Rede 1946 von W. Churchill, 1871–1947) Um einen Anfang zu machen, schlug der französische Außenminister R. Schuman (1886–1963) 1950 vor, die kriegswichtige Eisen- und Stahlindustrie in Westeuropa unter eine gemeinsame Verwaltung zu stellen. Er wollte damit auf Dauer Sicherheit für Frankreich und zugleich eine Aussöhnung mit Deutschland. Bundeskanzler Konrad Adenauer (1876–1967) stimmte diesen Plänen zu, weil er hier einen Weg sah, die Bundesrepublik Deutschland als souveränes, gleichberechtigtes Mitglied der internationalen Gemeinschaft zu etablieren. Nationalstaatliche Interessen standen im Einklang mit der festen Überzeugung der europäischen Gründerväter, dass viele Probleme nur grenzüberschreitend gelöst werden können. Nur über die wirtschaftliche und politische Integration seien Frieden, Freiheit, soziale Stabilität und wirtschaftlicher Wohlstand für das kriegszerstörte Europa zu erreichen.

Grundrichtungen der europäischen Integration

Unionismus	**Föderalismus**
Zusammenarbeit souveräner Staaten	Bildung überstaatlicher Institutionen, damit Aufgabe staatlicher Souveränität

Die Staaten, die nach dem Zweiten Weltkrieg die europäische Integration anstrebten, haben sowohl nationalstaatliche Kompetenzen abgegeben als auch die Zusammenarbeit der Regierungen verstärkt.

Der 1949 gegründete **Europarat** stand zusammen mit der **Europäischen Gemeinschaft für Kohle und Stahl (EGKS)** von 1951 am Beginn der immer engeren institutionellen Zusammenarbeit der west- und mitteleuropäischen Staaten, die über die Europäische Gemeinschaft (1957) zur Europäischen Union (1993) führte.

Staaten, die Mitglied der EU werden wollen, müssen nach dem **Acquis communautaire** (Gesamtbestand der für EU-Mitgliedstaaten verbindlichen Rechte und Pflichten) folgende Beitrittskriterien erfüllen:

- Zugehörigkeit zum europäischen Kontinent;
- institutionelle Stabilität als Garantie für Demokratie und Rechtsstaatlichkeit;
- Wahrung der Menschenrechte und Schutz von Minderheiten;
- wettbewerbsfähige Marktwirtschaft;
- Übernahme des Rechtsbestandes der Gemeinschaft und der Verpflichtungen aus der EU-Mitgliedschaft.

Stationen des europäischen Integrationsprozesses

1948: Großbritannien, Frankreich und die Beneluxstaaten gründen den **Brüsseler Pakt**. Er gilt als Verteidigungspakt gegen Deutschland, wird dann aber zur Grundlage der gemeinsamen europäischen Verteidigungspolitik im Rahmen der 1954 gegründeten **Westeuropäischen Union (WEU)** und der NATO.

1949: Der **Europarat** wird gegründet. Seine Mitglieder verpflichten sich zum Schutz und zur Förderung gemeinsamer Ideale und Grundsätze, vor allem zur Achtung der Menschenrechte und Grundfreiheiten sowie zur Anerkennung der Vorherrschaft des Rechts.

1951: Frankreich, die Bundesrepublik Deutschland, Italien und die Beneluxstaaten gründen die **Europäische Gemeinschaft für Kohle und Stahl (EGKS)** und vereinbaren einen gemeinsamen Markt für Schlüsselindustrien im Rahmen supranationaler Regeln.

1952: Die „**Hohe Behörde**" der EGKS nimmt ihre Arbeit auf; aus ihr entsteht später die Europäische Kommission.

1952/1954: Die **Europäische Verteidigungsgemeinschaft (EVG)** wird gegründet und scheitert. Die Zusammenarbeit im Bereich der Sicherheitspolitik konzentriert sich daraufhin auf WEU und NATO.

1957: Frankreich, die Bundesrepublik Deutschland, Italien und die Beneluxstaaten gründen in Rom die **Europäische Wirtschaftsgemeinschaft (EWG)** und die **Europäische Atomgemeinschaft (EURATOM)** mit dem Ziel der „vier Freiheiten": freier Verkehr von Waren, Personen, Dienstleistungen und Kapital in einem gemeinsamen Markt ohne Zölle und weitere Handelsbeschränkungen. Daneben vereinbaren die Vertragspartner eine gemeinsame Außenhandels- und Agrarpolitik. Die Entscheidungsstrukturen werden weitgehend von der EGKS übernommen.

1967: Die Exekutiven von EWG, EGKS und EURATOM fusionieren zu den **Europäischen Gemeinschaften (EG)**.

1968: Die Zollunion in den EG wird vollendet.

1970: Die EG-Staaten beschließen die Gründung der **Europäischen Politischen Zusammenarbeit (EPZ)** zur Abstimmung ihrer außenpolitischen Positionen. Sie vereinbaren ferner die Vertretung ihrer Standpunkte auf internationaler Ebene. Die EPZ wird nicht in den EG-Rahmen integriert, sondern beruht auf der freiwilligen Zusammenarbeit der Regierungen.

1971: Der Ministerrat beschließt die Errichtung einer **Wirtschafts- und Währungsunion.**

1973: Großbritannien, Irland und Dänemark treten den EG bei.

1978: Die EG-Staaten (mit Ausnahme Großbritanniens) gründen das **Europäische Währungssystem (EWS)**, um die Schwankungen zwischen den Kursen der beteiligten

Währungen zu begrenzen. Die gemeinsame Verrechnungseinheit heißt European Currency Unit (ECU).

1979: Die erste Direktwahl zum **Europäischen Parlament (EP)** findet statt.
Das **Europäische Währungssystem** tritt in Kraft.

1981: Griechenland tritt den EG bei.

1985/1990: In den **Schengener Abkommen** beschließen sechs EU-Staaten den Abbau der Personenkontrollen an den gemeinsamen Grenzen. Den Abkommen schließt sich später die Mehrheit der EU-Staaten an.

1986: Spanien und Portugal treten den EG bei.

1987: Die **Einheitliche Europäische Akte** tritt in Kraft, mit der der Binnenmarkt bis 1992 verwirklicht werden soll.

1992: Der **einheitliche Binnenmarkt** der EU führt zur vollständigen Öffnung der Grenzen zwischen den EU-Staaten für Waren, Personen, Dienstleistungen und Kapital.

1992: Die **Europäische Union (EU)** wird gegründet. Im **Vertrag von Maastricht** wird die enge Zusammenarbeit auch für weitere Politikbereiche (u. a. Bildung, Kultur, Gesundheit, Industrie) festgelegt. Eine engere Zusammenarbeit wird in der Außen- und Sicherheitspolitik sowie in der Innen- und Justizpolitik vereinbart, wobei letztere von den Gemeinschaftsverfahren (↑ S. 41) ausgeschlossen bleiben. Die währungspolitische Zusammenarbeit im Rahmen des EWS soll in eine **Europäische Währungsunion** überführt werden.

1995: Finnland, Schweden und Österreich treten der EU bei.

1997: Im **Vertrag von Amsterdam** wird die Mitentscheidungskompetenz (↑ S. 48) des Europäischen Parlaments erweitert.

1999: Der **Euro** wird einheitliche EU-Währung (nur bargeldloser Zahlungsverkehr).

2000: In **Nizza** proklamiert der Europäische Rat eine Charta der Grundrechte der Unionsbürgerinnen und -bürger. Er beschließt eine Überarbeitung der europäischen Verträge zur Vorbereitung der EU-Osterweiterung.

2002: 12 der 15 EU-Staaten führen das **Euro-Bargeld** ein.

2004: Zehn mittel- und (süd-)osteuropäische Staaten treten der EU bei. Es wird beschlossen, mit der Türkei Beitrittsverhandlungen aufzunehmen.
Eine EU-Verfassung wird verabschiedet.

2005: Mit der Ablehnung der EU-Verfassung in Referenden in Frankreich und den Niederlanden kommt der Ratifikationsprozess zum Erliegen.

2007: Beitritt Bulgariens und Rumäniens.
Unterzeichnung des **Vertrags von Lissabon** (↑ S. 55).

Die drei Säulen der Europäischen Union nach dem Vertrag von Maastricht

2.2 Aufgaben der Europäischen Union (Auswahl)

Gemeinsame Außen- und Sicherheitspolitik (GASP)

Die GASP ist als Grundsatz 1992 im Vertrag von Maastricht verankert worden. Doch die EU ist hier weniger schnell vorangekommen als etwa bei der Schaffung des gemeinsamen Markts.

Da sie über keine eigenen größeren militärischen Interventionskräfte verfügt, konnte sie bis zum Jugoslawien-Krieg 1992 nur als Teil der UN-Friedenstruppe oder Teil der NATO-Streitkräfte agieren. Sie reagierte darauf mit folgenden Maßnahmen:

- Einrichtung eines **Hohen Vertreters für die Gemeinsame Außen- und Sicherheitspolitik** (EU-Außenbeauftragten) mit politischem Stab, sicherheitspolitischem Komitee und Militärausschuss;
- **EU-Sonderbeauftragte** für internationale Brennpunkte;
- **gemeinsame Verteidigungsstruktur** mit einer schnellen Eingreiftruppe als Kern und 5 000 Polizeibeamten für zivile Aspekte der Krisenbewältigung;
- Schaffung des Amts des **Hohen Vertreters der Union für Außen- und Sicherheitspolitik** im Vertrag von Lissabon (bündelt Funktionen des EU-Außenbeauftragten und des EU-Außenkommissars).

Gemeinsamer Markt

Die **Verträge von Rom** (1957) hatten u. a. zum Ziel, durch die Errichtung eines gemeinsamen Markts und die schrittweise Annäherung der Wirtschaftspolitik der Mitgliedstaaten eine harmonische Entwicklung des Wirtschaftslebens innerhalb der Gemeinschaft, eine beständige und ausgewogene Wirtschaftsausweitung und eine größere Stabilität zu fördern. Die Ziele hat die EU heute weitgehend erreicht.

Europäische Beschäftigungspolitik

Jedes Jahr verständigt sich der Europäische Rat auf gemeinsame Prioritäten und Zielvorgaben für die Beschäftigungspolitik der Mitgliedstaaten.

Im März 2000 verabschiedete der Europäische Rat die **Lissabonner Strategie,** die in der EU bis 2010 dauerhaftes Wirtschaftswachstum mit mehr und besseren Arbeitsplätzen und einem größeren sozialen Zusammenhalt hervorbringen soll.

Gemeinsame Agrarpolitik (GAP)

Ziele der GAP sind die Sicherung eines angemessenen Lebensstandards der Landwirte und die Versorgung der Verbraucher mit hochwertigen Nahrungsmitteln. Inzwischen sind u.a. Nahrungsmittelsicherheit und das Verhältnis von Kosten und Leistung in einem nach außen abgeschotteten Markt stärker in den Mittelpunkt gerückt. Der Anteil der in der Landwirtschaft Tätigen in der EU schrumpfte von 20% auf unter 5% (2005). Die Produktion nahm stärker zu als der Verbrauch und der EU-Haushalt musste die Kosten für die Bewältigung der Überschüsse tragen. Zudem wurde die Erzeugung subventioniert (2002: 46,3% des EU-Haushalts).

Mit der **Agenda 2000** sind Anreize zur Erzeugung hochwertiger landwirtschaftlicher Produkte geschaffen worden. Die finanzielle Förderung ist u.a. an die Einhaltung der Vorschriften zum Umwelt- und Tierschutz und zur Nahrungsmittelhygiene geknüpft. Beihilfen sind nicht länger an der Menge der Erzeugnisse orientiert, Exportsubventionen werden abgebaut.

Regionalpolitik der EU

Mit ihr sollen u.a. rückständige Regionen und die Umwandlung ehemaliger Industriegebiete gefördert sowie jungen Menschen und Langzeitarbeitslosen bei der Arbeitsplatzsuche geholfen werden. Sie besteht im Wesentlichen aus Zahlungen des EU-Haushalts an benachteiligte Regionen und Bevölkerungsgruppen (2000–2006: 213 Mrd. €). Gelder werden ausgezahlt durch:

- Europäischer Fonds für Regionale Entwicklung,
- Europäischer Sozialfonds,
- Finanzinstrument für die Ausrichtung der Fischerei: Finanzierung von Strukturmaßnahmen in Fischerei und Aquakultur sowie von Verarbeitung und Vermarktung der Erzeugnisse,
- Abteilung Garantie des Europäischen Ausrichtungs- und Garantiefonds für die Landwirtschaft.

Vorrangige Ziele der EU-Regionalpolitik

Ziel 1	Entwicklung von Regionen, in denen der produzierte Wohlstand geteilt durch die Einwohnerzahl (BIP pro Kopf) weniger als 75 % des EU-Durchschnitts beträgt.
Ziel 2	Hilfe für deindustrialisierte Regionen, für ländliche Räume mit rückläufiger Entwicklung, für von Fischerei geprägte Krisengebiete sowie Problemgebiete in Städten.
Ziel 3	Bekämpfung der Arbeitslosigkeit durch Modernisierung von Ausbildung und Schaffung von Arbeitsplätzen.

Sozialpolitik der EU

1961 wurde der **Europäische Sozialfonds (ESF)** zur Schaffung von Arbeitsplätzen gegründet (2003: 4,8 Mrd. €). 1991 verabschiedete der Europäische Rat die **Gemeinschaftscharta der sozialen Grundrechte** mit den Rechten für alle Arbeitnehmer in der EU: u. a. Freizügigkeit, Vereinigungsrecht und Tarifverhandlungen, gleiches Entgelt für Männer und Frauen bei gleicher Arbeit, Schutz der Älteren und der Behinderten.

Umweltpolitik der EU

Im Rahmen der gemeinsamen Umweltpolitik der EU wurden

- EU-weite Normen gegen Luftverschmutzung verabschiedet, der Schutz der Ozonschicht durch Verringerung der FCKW-Emissionen (Fluorchlorkohlenwasserstoffe) verbessert,
- die Verbesserung von Abwasserbehandlung und Abfallwirtschaft beschlossen,
- die Überwachung des Chemikalieneinsatzes festgelegt,
- die Verringerung des Geräuschpegels von Kfz erreicht.

Forschungspolitik der EU

Sie soll die nationalen Forschungsprogramme ergänzen, vor allem durch Vorhaben, bei denen Forschungsinstitute aus verschiedenen Mitgliedstaaten zusammenarbeiten.

2.3 Organe der EU

Europäischer Rat

▶ **Wichtige Funktionen des Europäischen Rats**

Der Europäische Rat ist Impulsgeber, politische Steuerungsinstanz und oberster Konfliktlöser in der EU.

2

Zusammensetzung: Staats- und Regierungschefs sowie der Präsident der Europäischen Kommission; die Außenminister und ein weiteres Mitglied der Europäischen Kommission haben unterstützende Funktionen.

Arbeitsweise: Zusammentreffen turnusgemäß viermal jährlich.

Der Vertrag von Lissabon (2007) sieht einen **Präsidenten** mit einer Amtszeit von 2½ Jahren vor, der die Arbeit koordinieren und vorbereiten soll. Unter Wahrung der Befugnisse des **Hohen Vertreters der Union für Außen- und Sicherheitspolitik** soll er die EU auch nach außen vertreten. Der Präsident wird vom Europäischen Rat mit qualifizierter Mehrheit gewählt (einmalige Wiederwahl möglich), er darf kein einzelstaatliches Amt ausüben.

Befugnisse: Festlegung der Leitlinien des europäischen Integrationsprozesses, v. a. in der gemeinsamen Außen- und Sicherheitspolitik (GASP), der Wirtschafts-, Währungs- und Beschäftigungspolitik und der polizeilichen und justiziellen Zusammenarbeit in Strafsachen. Weder das Europäische Parlament, noch die Europäische Kommission oder der Europäische Gerichtshof können den Europäischen Rat demokratisch kontrollieren.

Europäisches Parlament

Stellung des Europäischen Parlaments

Das Europäische Parlament (EP) mit Sitz in Straßburg und Brüssel ist die Vertretung der Bürger und zusammen mit dem Ministerrat der Gesetzgeber der EU. Sie ist das einzige demokratisch legitimierte Repräsentativorgan der EU.

Zusammensetzung: Mit dem Beitritt der mittel- und (süd-) osteuropäischen Staaten 2004 und 2007 gehören dem EP 785 Abgeordnete an (ab 2009: 750). Die Abgeordneten werden von den Bürgern der Mitgliedstaaten für fünf Jahre in allgemeinen, freien, gleichen und geheimen Wahlen direkt gewählt. Inzwischen wird bei den Europawahlen überall nach dem Verhältniswahlrecht gewählt; in manchen Staaten gilt die 5%-Klausel (z. B. Deutschland), in anderen eine 4%-Klausel (z. B. Schweden) für den Einzug ins Parlament.

Arbeitsorganisation: Mitglieder des EP dürfen nicht zugleich Abgeordnete nationaler Parlamente sein. Das EP organisiert sich in **Fraktionen** und **Fachausschüssen** und setzt sich aus Abgeordneten unterschiedlicher Nationen zusammen. In den Fraktionen werden Arbeitsgruppen nach Herkunftsländern und Parteifamilien gebildet.
Beispiel: deutsche Gruppe in der EVP-ED-Fraktion (Europäische Volkspartei [Christdemokraten] und Europäische Demokraten).

Befugnisse: Das EP war anfangs nur ein Beratungsorgan, ihm fehlten wesentliche Parlamentsfunktionen, vor allem bei der Gesetzgebung und beim Budgetrecht, sodass Kritiker hier von einem Demokratiedefizit sprachen. Es hat aber hinsichtlich der Parlamentsfunktionen an Kompetenzen gewonnen:

- **Budgetrecht**: EP und Ministerrat bilden zusammen die sogenannte Haushaltsbehörde. Das EP kann den Gesamthaushalt der EU am Ende des Verfahrens ablehnen.
- **Zustimmung** zu Beitritten und Assoziierungen zur EU sowie zu EU-Verträgen mit Dritten und Finanzprotokolle.
- **Gesetzgebung**: Die Möglichkeit, in der EU Rechtsvorschriften zu initiieren, besitzt allein die EU-Kommission. Die Rechte des EP beim Erlass von Richtlinien und Verordnungen reichen von der Unterrichtung über die Anhörung bis zum Vetorecht. Sie sind abhängig vom jeweils zugrunde liegenden Politikbereich (↑ S. 41 f.). Meist findet das Mitentscheidungsverfahren Anwendung (↑ S. 48). Das EP ist mit zwei Lesungen an der Entscheidungsfindung beteiligt. Bei verfehlter Einigung mit dem Rat kann ein Vermittlungsausschuss angerufen werden; das EP hat das Recht, am Ende des Gesetzgebungsverfahrens mit absoluter Mehrheit einen Gesetzesvorschlag abzulehnen. Der Vertrag von Lissabon sieht das Mitentscheidungsverfahren als Regelfall vor.
- **Wahl der Exekutive**: Die Kommission kommt nur ins Amt, wenn das EP dem Kandidaten für das Amt des Kommissionspräsidenten sowie der Zusammensetzung der Kommission insgesamt zustimmt. Durch ein Anhörungsverfahren in seinen Ausschüssen prüft es die Kandidaten auf ihre Eignung.
- **Kontrolle der Exekutive**: Durch ein Misstrauensvotum kann das EP die Kommission als Ganzes zum Rücktritt zwingen. Das EP kann Anfragen an die Kommission und den Ministerrat stellen und Untersuchungsausschüsse einsetzen. Ein Kontrollausschuss des EP kontrolliert die Verwaltung des Haushaltes durch die Kommission.

Rechtsvorschriften der EU

- **Verordnungen**: in der gesamten EU unmittelbar gültig, in allen Teilen verbindlich, über nationalem Recht stehend.

- **Richtlinien**: Weisungen an die EU-Staaten, nationale Gesetze oder Vorschriften so zu ändern, dass das in der Richtlinie benannte und verbindliche Ziel erreicht wird. Die Richtlinie überlässt den EU-Staaten die Wahl der Form und Mittel zur Umsetzung in nationales Recht.

Gesetzgebung im Wege des Mitentscheidungsverfahrens

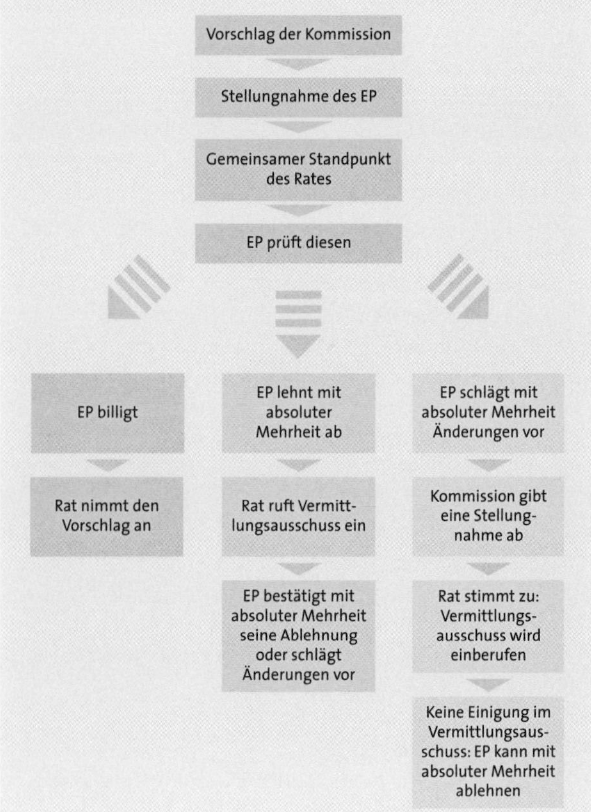

Europäische Kommission

Bedeutung der Europäischen Kommission

Die Europäische Kommission mit Sitz in Brüssel ist das ausführende Organ der Union. Sie wacht über die Verträge und achtet darauf, dass die Mitgliedstaaten ihre vertraglichen Pflichten einhalten.

Vorsitz: Präsident mit Richtlinienkompetenz.

Zusammensetzung: 27 Kommissare werden vom Präsidenten entsprechend den Vorschlägen der nationalen Regierungen auf fünf Jahre benannt und durch das EP bestätigt, sodass bislang jedes EU-Land ein Mitglied der Europäischen Kommission stellt. Der Kommissionspräsident wird vom Europäischen Rat benannt und vom EP gewählt. Ab November 2014 beläuft sich die Anzahl der Mitglieder der Kommission einschließlich ihres Präsidenten und des Hohen Vertreters der Union für Außen- und Sicherheitspolitik auf zwei Drittel der Zahl der Mitgliedstaaten.

Arbeitsorganisation: Die Kommissare sind den Interessen der Gemeinschaft verpflichtet: Sie dürfen keine Anweisungen von nationalen Regierungen annehmen. Beschlüsse werden mit der Mehrheit der Kommissionsmitglieder gefasst. Die Kommission ist dem Europäischen Parlament zur Rechenschaft verpflichtet. Interne Organisation und Zuständigkeitsbereiche der einzelnen Kommissionsmitglieder werden vom Präsidenten festgelegt, der auch die Richtlinienkompetenz hat. Die Kommission gliedert sich in Generaldirektionen (ähnlich den Ministerien der Mitgliedstaaten, ↑ S. 27) und weitere spezialisierte Dienststellen. Die Kommissare vertreten politisch die Facharbeit ihrer jeweiligen Generaldirektionen.

Kompetenzen: Die Kommission hat weitreichende Initiativ-, Gesetzgebungs-, Verwaltungs-, Aufsichts- und Kontrollbefugnisse in allen Politikbereichen. Sie ist an der Aufstellung und Durchführung des Haushalts beteiligt. Im Gesetzgebungsprozess verfügt sie über das Vorschlagsmonopol für Rechtsvorschriften (↑ S. 47 f.), über die der Rat und das Europäische Parlament entscheiden und deren Durchführung die Kommission kontrolliert. Ferner wacht sie zusammen mit dem Europäischen Gerichtshof darüber, dass Neumitglieder den Rechtsbestand der EU übernehmen und Mitgliedstaaten das EG-Recht einhalten. Die Kommission erarbeitet den Haushaltsentwurf der EU und verwaltet deren Finanzmittel, mit denen die politischen Programme der EU realisiert werden.

Sie ist weiterhin zuständig für das Aushandeln völkerrechtlicher Verträge und vertritt die EU nach außen, z. B. bei internationalen Organisationen.

Die Kommission ist als Kontrollbehörde für die Einhaltung der Regeln des freien Wettbewerbs zuständig. Sie kontrolliert u. a. staatliche Beihilfen und kann als oberste Kartellbehörde Unternehmenszusammenschlüsse untersagen, wenn diese den Wettbewerb auf den Märkten behindern.

Die Unabhängigkeit und Überparteilichkeit der Kommission wird dadurch garantiert, dass sie weder vom Ministerrat noch von den Mitgliedstaaten der EU abgesetzt werden kann.

Demokratische Legitimation und Kontrolle: Der Präsident der Europäischen Kommission ist vom Europäischen Rat erstmals 2004 entsprechend dem Wahlergebnis bei den Europawahlen benannt worden. Der Präsident und ebenso die Kommissare werden durch die Abgeordneten des EP befragt; ihre Ernennung ist von einem zustimmenden Votum des EP und einer qualifizierten Mehrheit im Europäischen Rat abhängig. Durch ein Misstrauensvotum kann das Parlament die gesamte Kommission zum Rücktritt zwingen.

Ministerrat (Rat der Europäischen Union)

Funktionen des Ministerrats

Der Ministerrat (Rat der Europäischen Union) mit Sitz in Brüssel ist zusammen mit dem Europäischen Parlament Gesetzgeber der EU. Er vertritt die Interessen der Mitgliedstaaten auf der EU-Ebene und ist das eigentliche Entscheidungsorgan der EU.

Zusammensetzung: 27 Fachminister der Mitgliedstaaten. Der Ministerrat tagt in wechselnder Zusammensetzung je nach Beratungsgegenstand.
Beispiele: Umweltministerrat, Rat der Außenminister.
Der Ministerrat wird durch ein Generalsekretariat und einen Ausschuss der „ständigen Vertreter“ unterstützt.

Vorsitz: Jeder Mitgliedstaat übernimmt ihn nach einer festen Reihenfolge für sechs Monate. Dies ist eine große Belastung für den jeweiligen Regierungsapparat, da jede Ratspräsidentschaft auch eine eigene Agenda mit selbst gewählten thematischen Schwerpunkten abarbeitet. Der jeweilige Präsident bildet mit seinem Vorgänger und Nachfolger die sog. **Troika**.

Arbeitsorganisation: 70 bis 80 Tagungen pro Jahr in unterschiedlichen Zusammensetzungen (abhängig vom Politikbereich).

Kompetenzen: allgemeine Angelegenheiten und Außenbeziehungen, Wirtschaft und Finanzen (einschließlich Haushalt), Justiz und Inneres (einschließlich Katastrophenschutz), Beschäftigung, Sozialpolitik, Gesundheit und Verbraucherschutz, Verkehr, Telekommunikation und Energie (einschließlich audiovisueller Bereich), Landwirtschaft und Fischerei, Umwelt, Bildung, Jugend und Kultur u. a.

Entscheidungsverfahren: Die Stimmenzahl, über die jedes Land im Ministerrat verfügt, ist im EU-Vertrag festgelegt.

Zurzeit (2007) gilt die **qualifizierte Mehrheit** als erreicht, wenn folgende Bedingungen erfüllt sind:

- Die Mehrheit der Mitgliedstaaten stimmt dem Vorschlag zu (in bestimmten Fällen eine Zweidrittelmehrheit).
- Mindestens 255 Stimmen (d. h. 73,9 % der Gesamtstimmen [345]) werden für den Vorschlag abgegeben.

Jeder Mitgliedstaat kann darüber hinaus beantragen, dass überprüft wird, ob die Ja-Stimmen mindestens 62 % der Gesamtbevölkerung der Union entsprechen. Ist dies nicht der Fall, kommt der Beschluss nicht zustande.

Mit dem Vertrag von Lissabon ist ab 2014 das **Prinzip der doppelten Mehrheit** als Entscheidungsgrundlage eingeführt worden, um einen Machtausgleich zwischen kleinen und großen EU-Staaten herbeizuführen. Große EU-Mitgliedstaaten können einen Beschluss nicht aufgrund einer Bevölkerungsmehrheit über kleine Mitgliedsländer hinweg beschließen. Sie benötigen **55 % der Mehrheit aller EU-Länder**. Kleine EU-Länder werden nicht ihr überproportionales Stimmengewicht ausnutzen, da sie **mindestens 65 % der EU-Bevölkerung** repräsentieren müssen. Damit sind die Interessen der großen und kleinen EU-Mitglieder gewahrt.

Der wichtigste Ministerrat ist der für „Allgemeine Angelegenheiten und Außenbeziehungen" (**Rat der Außenminister**), der u. a. für die Koordinierung der Ratssitzungen, die Vor- und Nachbereitung der Europäischen Gipfel sowie die Durchführung sämtlicher außenpolitischer Maßnahmen (u. a. in Außenhandel, Entwicklungszusammenarbeit, humanitärer Hilfe) zuständig ist.

Nach den EU-Verträgen ist der Ministerrat gegenüber der Gemeinschaft als Ganzes verpflichtet; dennoch ist der jeweilige Fachminister den Interessen seines Landes verbunden.

Europäischer Gerichtshof

Funktion des Europäischen Gerichtshofs

Der Europäische Gerichtshof (EuGH) wacht über das Recht der EU. Er ist insbesondere für Auslegung und Anwendung des Gemeinschaftsrechts zuständig.

Kompetenzen: Das Recht der Europäischen Union „bricht" das Recht der Mitgliedstaaten.

Hierarchie der Rechtsnormen

EU-Recht
Grundgesetz
Bundesgesetze
Satzungen des Bundes
Rechtsverordnungen des Bundes
Verfassungsrecht der Bundesländer

Der EuGH sorgt dafür, dass EU-Bürger und Gerichte in der EU das Gemeinschaftsrecht nicht auf unterschiedliche Weise auslegen und anwenden. Zu diesem Zweck ist der EuGH für Entscheidungen über Rechtsstreitigkeiten zuständig, an denen Mitgliedstaaten, Gemeinschaftsorgane, Unternehmen und Privatpersonen als Parteien beteiligt sein können.

Zusammensetzung: Pro Mitgliedstaat ist ein Richter im EuGH vertreten. Aus ihrer Mitte wählen die Richter für drei Jahre den Präsidenten des EuGH. Seine Arbeit wird von acht Generalanwälten unterstützt. Dem Gerichtshof ist ein Gericht erster Instanz (EuG) beigeordnet. Klagen der Mitgliedstaaten oder der Gemeinschaftsorgane werden vor dem EuGH erhoben, während Klagen natürlicher oder juristischer Personen, mit denen Gemeinschaftsrecht angefochten wird, vor dem EuG erhoben werden. Entscheidungen des EuGH und des EuG werden mit einfacher Mehrheit gefällt.

Es gibt folgende **Klageverfahren** vor dem Europäischen Gerichtshof:

- **Vertragsverletzungsklage**: Kommission und Mitgliedstaaten können Vertragsverletzungen von Mitgliedstaaten rügen und der gerichtlichen Kontrolle unterwerfen. Stellt der EuGH die Vertragsverletzung fest, ist der betreffende Staat verpflichtet, sie unverzüglich abzustellen.
- **Nichtigkeitsklage**: Mitgliedstaaten, das Europäische Parlament, der Ministerrat und die Kommission können beantragen, Gemeinschaftsvorschriften ganz oder teilweise für nichtig zu erklären. Einzelpersonen können die Nichtigerklärung von Rechtsakten fordern, die sie unmittelbar und persönlich betreffen. Der Gerichtshof kann so die Rechtmäßigkeit der Handlungen der Gemeinschaftsorgane überprüfen.
- **Untätigkeitsklage**: Der EuGH kann die Rechtmäßigkeit der Untätigkeit eines Gemeinschaftsorgans prüfen und ggf. dessen Schweigen oder Nichthandeln ahnden.
- **Schadenersatzklage**: Der EuGH kann entscheiden, ob die Gemeinschaft für Schäden aufzukommen hat, die ihre Organe oder Bediensteten bei ihrer Amtstätigkeit verursacht haben.
- **Vorabentscheidungsverfahren**: Ein nationales Gericht kann vom EuGH eine Vorabentscheidung verlangen, wenn es in einem Verfahren Gemeinschaftsrechtsnormen anwenden muss und Zweifel hinsichtlich deren Auslegung hat. Das nationale Gerichtsverfahren wird ausgesetzt, bis die Vorabentscheidung ergeht. Sie ist dann für das nationale Gericht bindend. Vorabentscheidungsverfahren sind bedeutsam für die einheitliche Auslegung des Gemeinschaftsrechts.

2.4 Vertrag von Lissabon

Die 2004 verabschiedete Verfassung für Europa scheiterte im Rahmen des Ratifizierungsprozesses (↑ S. 41). Einigkeit über ein neues Vertragswerk, das die demokratischen Strukturen in der EU stärkt und die Handlungsfähigkeit der Union verbessert, konnte 2007 erzielt werden: Am 13. Dezember unterzeichneten die EU-Staats- und Regierungschefs sowie die Außenminister den „Vertrag von Lissabon", der im Laufe des Jahres 2008 ratifiziert werden und zum 1.1.2009 in Kraft treten soll. Der Reformvertrag übernimmt sowohl bei den Institutionen und Verfahren als auch bei den Sachpolitiken wesentliche Bestimmungen des Verfassungsvertragsentwurfs.

Wichtige Neuerungen sind:

- Der Europäische Rat erhält einen **Präsidenten** (↑ S. 45).
- Ein **Hoher Vertreter der Union für die Außen- und Sicherheitspolitik** wird bestellt (↑ S. 42).
- Politikbereiche, in denen nicht einstimmig, sondern mit Mehrheit entschieden wird, werden erweitert (Prinzip der **doppelten Mehrheit,** ↑ S. 52).
- Die Zahl der **Kommissare** wird ab 2014 verringert (↑ S. 49).
- Die Stellung des **Europäischen Parlaments** wird gestärkt. Es entscheidet künftig gleichberechtigt mit dem Ministerrat über das EU-Budget (außerdem Gesetzgebung, ↑ S. 47).
- Das Mitspracherecht **nationaler Parlamente** im Gesetzgebungsverfahren wird verbessert.
- Das **Bürgerbegehren** (Voraussetzung: Unterschriften von einer Million EU-Bürgern) wird eingeführt.
- Die **Grundrechte-Charta** wird in den Mitgliedstaaten rechtsverbindlich.
- Erstmals erlaubt ein EU-Vertrag offiziell den freiwilligen **Austritt** eines Staates.

TOPTHEMA

EU-Organe – ein System abgestufter Kompetenz

Nach dem **Subsidiaritätsprinzip** liegt im Falle einer mit der EU geteilten Zuständigkeit ein Vorrecht aufseiten der nationalen, regionalen oder lokalen Ebene. So wurden etwa die Mitwirkungsrechte der Bundesländer durch die Aufnahme eines Europa-Artikels in das Grundgesetz (Art. 23) 1993 gestärkt.
Im Laufe des europäischen Integrationsprozesses wurden gleichwohl immer mehr politische Kompetenzen auf die EU verlagert.

Das Zusammenwirken der EU-Organe

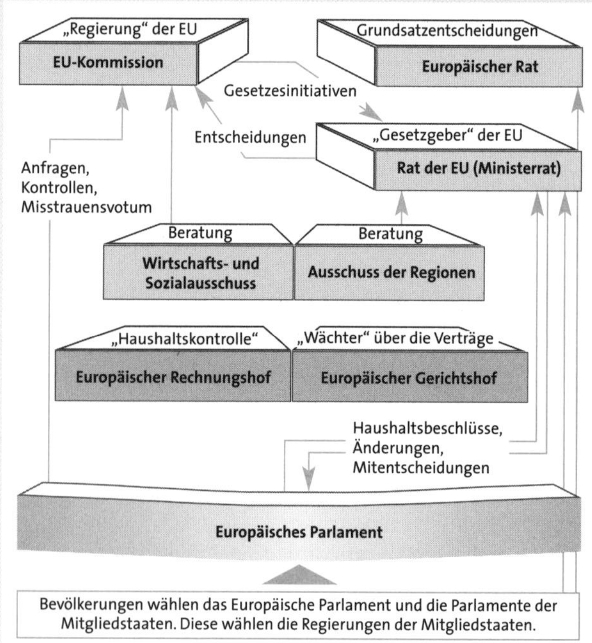

Die **Europäische Kommission** ist der Motor der supranationalen (↑ S. 36) Integration, da sie allein über das Initiativrecht für das Gemeinschaftsrecht (Acquis communautaire) verfügt.

Sie ist die „Hüterin“ von Verträgen und Verwalterin umfangreicher politischer Programme.

Damit unterscheidet sie sich von der hauptsächlich intergouvernementalen (↑ S. 36) Zusammenarbeit im **Europäischen Rat** und **Ministerrat**.

Eine effiziente und demokratisch kontrollierte Arbeitsweise stellt bei einer wachsenden Anzahl von Mitgliedern eine hohe Herausforderung dar.
Seit 1979 werden die Abgeordneten des **Europäischen Parlaments** (EP) in ihren Herkunftsländern direkt gewählt (↑ S. 46). Sie schließen sich im EP zu sieben übernationalen Fraktionen zusammen (z. B. Fraktion der Sozialdemokratischen Parteien Europas).

Europäisches Parlament (seit 2007)

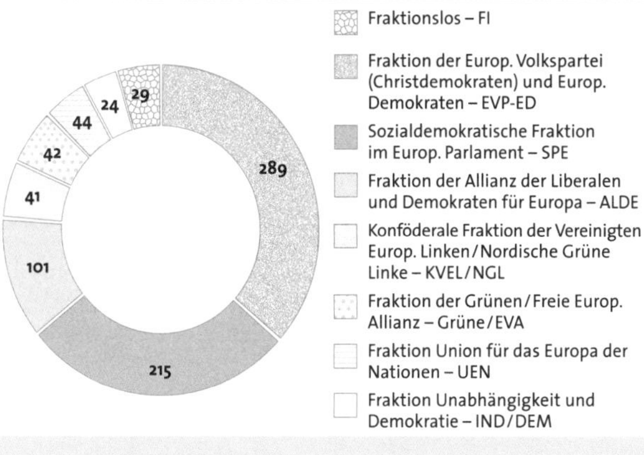

3 Gesellschaft und Gesellschaftsanalyse

Wichtige Grundbegriffe

Gesellschaft

Die menschliche Gesellschaft ist ein Gefüge von Einzelpersonen, das dauerhaft und organisiert zur Erreichung bestimmter Ziele oder zur Befriedigung bestimmter Bedürfnisse zusammenwirkt. Sie gründet sich auf **soziale Beziehungen** und **Interaktionen**, die sich wiederholen und die durch Institutionen (z. B. Schule) sowie **Werte und Verhaltensregeln** (Normen) maßgeblich bestimmt sind. Bis ins 17. Jh. galt die aristotelische Vorstellung, die die Gesellschaft mit dem Staat gleichsetzte. Sie veränderte sich mit der Herausbildung der frühmodernen staatlichen Ordnungen.

Aristoteles (384–322 v. Chr.) beschrieb den Menschen als zóon politikón, d. h. als geselliges und gesellschaftliches Wesen, das nur in der Gemeinschaft seines Stadtstaates (polis) leben kann.

Gesellschaftsstruktur (Sozialstruktur)

Grundelemente sind die Gesamtheit der sozialen Beziehungsmuster und Regelsysteme in den für die Gesellschaft zentralen Handlungsbereichen sowie die sich aus der Verteilung wichtiger Güter und Ressourcen ergebende Struktur sozialer Ungleichheit. Nach bestimmten Merkmalen (z. B. Bedeutung einzelner Produktionssektoren) lassen sich **Gesellschaftstypologien** erstellen.

ungleiche Bildungschancen

Agrargesellschaft, Industriegesellschaft

3.1 Sozialisation, soziale Gruppe und Individuum

▶ Sozialisation – ein lebenslanger Prozess

Sozialisation ist die Aneignung von Werten, Normen und Handlungsmustern, durch die der Mensch seine Handlungsfähigkeit und persönliche Identität erwirbt.

Einflussfaktoren der Sozialisation

- **sämtliche äußeren Einflüsse** (u. a. Erziehung, Einflüsse anderer Menschen und Gruppen);
- **allgemeine Lebensbedingungen** (u. a. Kulturkreis, Volk, soziale Schicht, Familie, Verwandtschaft, Freundeskreis);
- **die innere Verarbeitung der Einflüsse** (Herausbildung und Weiterentwicklung einer allgemeinen psychischen Struktur und damit der Gefühle u. Verhaltensweisen des Einzelnen).

Sozialisationsphasen und -instanzen

- **primäre Sozialisation** (Geburt bis drei Jahre): In Familie und ggf. Krippe lernt das Kind, wie es auf seine Umwelt einwirken kann, welches Verhalten erfolgreich/erwünscht ist und welches nicht. Die hier verinnerlichten Werte und Normen (↑ S. 61) gelten als stabil, sind aber veränderbar.
- **sekundäre Sozialisation** (drei Jahre bis Ende der Schulzeit): In Familie, Kindergarten, Schule, Alters- bzw. Freizeitgruppen und beeinflusst durch Massenmedien wird das Individuum auf seine Rolle in der Gesellschaft vorbereitet.
- **tertiäre Sozialisation:** Im Erwachsenenalter reagiert das Individuum auf seine gesamte soziale Umwelt, was zu ständigen Lern- und Anpassungsprozessen führt. Berufs-, Freizeit- und politische Gruppen sowie Massenmedien sind die wesentlichen Sozialisationsinstanzen.

Definition: soziale Gruppe

Eine soziale Gruppe ist ein Gefüge, dessen Sinnzusammenhang durch Mitgliederbeziehungen sowie durch relative Dauerhaftigkeit bestimmt ist.

Gruppenzugehörigkeit

Sie entsteht durch das Zugehörigkeitsgefühl des Individuums und die Akzeptanz durch die Gruppe.

Merkmale von Gruppen

- mindestens drei Mitglieder,
- soziale Beziehungen,
- Interaktion (Gruppendynamik), Gruppenidentität (Wir-Gefühl),
- Zusammenhandeln nach gemeinsamen Werten,
- Verteilung von Aufgaben,
- gemeinsame Ziele, die nicht ausdrücklich festgelegt sein müssen,
- soziale Rollen und Positionen (Status ist abhängig z. B. von Kompetenz, Autorität), die z. B. zu einer Hierarchie führen können,
- Abgrenzung nach außen/Außendarstellung, z. B. über Inhalte, Gefühle, Rituale, Werte.

Rollen innerhalb von Gruppen (Auswahl)

- Anführer: hält die Gruppe zusammen, koordiniert Ziele und Handeln, entwickelt Führungsstil.
- Mitläufer: orientiert sich am Anführer.
- Opponent: starkes Gruppenmitglied mit Führungsqualität, macht dem Anführer (un)bewusst seine Position streitig.
- Sündenbock: wird verantwortlich gemacht, wenn die Gruppe ein Ziel nicht erreicht.
- Außenseiter.

3.2 Werte – Normen – Wertewandel

Werte steuern menschliches Verhalten. Sie sind sinnstiftend. Man unterscheidet in der Soziologie verschiedene Werte.

Werte

Pflicht- und Akzeptanzwerte	**Selbstentfaltungswerte**
z. B. Pflichtbewusstsein, Gehorsam, Anpassungsbereitschaft, Selbstlosigkeit, Ordnungsliebe	z. B. Selbstständigkeit, Emanzipation von Autoritäten, Eigenverantwortung, Kreativität

(**Soziale**) **Normen** regeln den Umgang der Menschen untereinander. Sie zeigen an, wie man sich in bestimmten Situationen verhalten soll. Normen gewährleisten Regelmäßigkeiten des Handelns, bieten Verhaltenssicherheit und konstituieren dadurch soziale Gefüge.

Der **Wertewandel** als Prozess der Veränderung von Wertvorstellungen im Laufe der Zeit wird einerseits durch die reduzierte Bedeutung von Pflicht- und Akzeptanzwerten als Werteverfall beklagt und für zahlreiche gesellschaftliche Krisenerscheinungen verantwortlich gemacht (z. B. Verlust moralischer Standards). Andererseits wird er durch die gewachsene Bedeutung der Selbstentfaltungswerte als Fortschritt betrachtet: Das Individuum gewinnt mehr Gestaltungsfreiheit in seiner Lebensführung (Wahlbiografie), muss aber auch mehr Verantwortung tragen (Entscheidungsdruck).

Der Soziologe Helmut Klages (*1930) beschreibt eine pluralistische und individualisierte Wertewelt in Deutschland, in der unterschiedlichste Wertorientierungen nebeneinander bestehen und sich individuell oder gruppenspezifisch mischen können, z. B. individuelle Selbstverwirklichung mit Leistungsorientierung.

3.3 Gesellschaftsanalyse: Modelle und Theorien

Stände

Stände sind Gruppierungen in Gefügen sozialer Ungleichheit, deren Zugehörigkeit in der Regel durch **Geburt oder Beruf** definiert, deren Existenzbedingungen weitgehend geregelt und in ihren Abgrenzungen von anderen Ständen genau festgelegt sind.

Der Begriff entstammt der vorindustriellen Zeit, in der die Sozialstruktur nach festen Privilegien und Herrschaftsformen organisiert war, z. B. in **Adels-, Bürger- und Bauernstand**. Die Ständegesellschaft wurde im 19. Jahrhundert von der Klassengesellschaft überlagert. „Stand" wird heute zur **Bezeichnung von Berufsgruppen** verwendet (z. B. Ärzte, Handwerker).

Klassen

Klassen sind Gruppierungen in **Gefügen sozialer Ungleichheit**, die aufgrund ihrer Stellung innerhalb des Wirtschaftsprozesses anderen Gruppierungen über- oder unterlegen sind:

Karl Marx (1818–1883) hat Geschichte als Abfolge von Klassenkämpfen interpretiert. Er unterscheidet Klassen nach Besitz oder Nichtbesitz von Produktionsmitteln, d.h. Arbeit und Kapital: Die Lohnarbeiter sind darauf angewiesen, ihre Arbeitskraft möglichst teuer zu verkaufen, die Kapitalisten als herrschende Klasse beuten die Arbeitskraft aus.

Max Weber (1864–1920) stellt bei seiner Definition von Klasse auf die Chance der Güterversorgung, auf die äußere Lebensstellung und das innere Lebensschicksal ab, die aus der Verfügungsgewalt über Güter oder Leistungsqualifikationen und ihrer Verwertbarkeit zur Erzielung von Einkommen oder Einkünften folgen.

Soziale Lagen

Soziale Lagen fassen Individuen nach materiellen Ressourcen (Einkommen, Vermögen, Besitz), Bildungsgrad, Wohn- und Umweltverhältnissen, subjektiver Lebenszufriedenheit und sozialer Integration sowie weiteren Kriterien (Alter, Geschlecht, Kinderzahl und regionaler Zugehörigkeit) zusammen. Aus der Kombination der verschiedenen Merkmale zur Beschreibung der Gesellschaft in Deutschland hat Otto G. Schwenk zehn soziale Lagen in Westdeutschland und neun soziale Lagen in Ostdeutschland beschrieben.

Beispiel: Soziale Lage West 10 (1993):

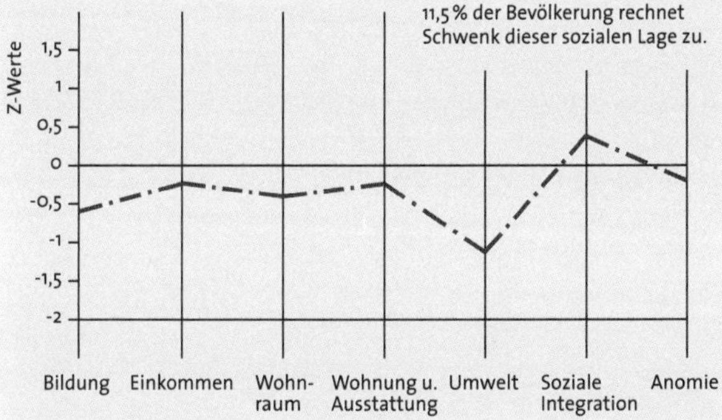

Auf der x-Achse befinden sich sieben Lebenslagendimensionen. Die Z-Werte, platziert auf der y-Achse, entsprechen den Mittelwerten der jeweiligen Lage; dabei handelt es sich um standardisierte Werte.

Charakteristik: erwerbstätige Arbeiter und einfache Angestellte mit geringer Bildung – Paare ohne Kinder (bzw. nach der Erziehungsphase) oder Alleinerziehende – extrem schlechte Umweltbedingungen – SPD-Wähler – städtische Lebensform – „unten" (= eindeutig nachteilige Lebensbedingungen).

Soziale Schichten

Soziale Schichten sind **Bevölkerungsgruppen mit jeweils ähnlich hohem oder niedrigem Status** innerhalb mehrerer Ungleichheitsdimensionen (z. B. Besitz, Beruf, Bildung).

Soziologen fassen Menschen mit ähnlichen „äußeren" Lebensbedingungen sowie ähnlichen „inneren", „psychischen" Merkmalen zu sozialen Schichten zusammen und beschreiben damit die **vertikale Untergliederung der Gesellschaft** (sozialer Auf- und Abstieg, Rangveränderungen innerhalb einer Gruppe). Dabei messen und bewerten sie zunächst die äußeren Lebensbedingungen (Berufsposition, Einkommen, Besitz, Bildungsniveau, Einfluss, Sozialprestige).

Die „Schichttheoretiker" zeigen, u. a. mithilfe von Selbsteinschätzungen der Befragten, dass Menschen mit vergleichbaren Lebensbedingungen auch ähnliche Lebenserfahrungen machen, die auf die Persönlichkeitsentwicklung und auf das Verhalten der Menschen einwirken. Dies führe insgesamt zu schichttypischen Einstellungen, die zusammen mit schichttypischen Lebensbedingungen unterschiedliche Lebenschancen bedingten.

Ralf Dahrendorf (*1929) beschrieb die Gesellschaft der westdeutschen Bevölkerung der 1960er-Jahre als „Haus", Rainer Geißler (*1939) hat es modifiziert (u. a. ausländische Randschichten in einem „Anbau" untergebracht), um die soziale Schichtung der westdeutschen Bevölkerung in den 1980er-Jahren zu beschreiben. Dabei sind „Decken" und „Wände" durchlässiger geworden; „Stockwerke" und „Zimmer" sind nicht voneinander getrennt, sondern zeigen „Durchgänge" und „Übergänge" an.

Soziale Schichtung der westdeutschen Bevölkerung (1960er-Jahre)

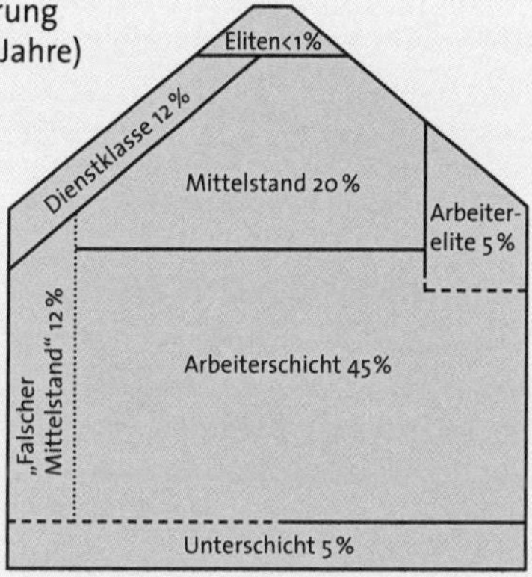

Quelle: R. Dahrendorf, Gesellschaft und Demokratie in Deutschland, 1965

Soziale Schichtung der westdeutschen Bevölkerung (2002)

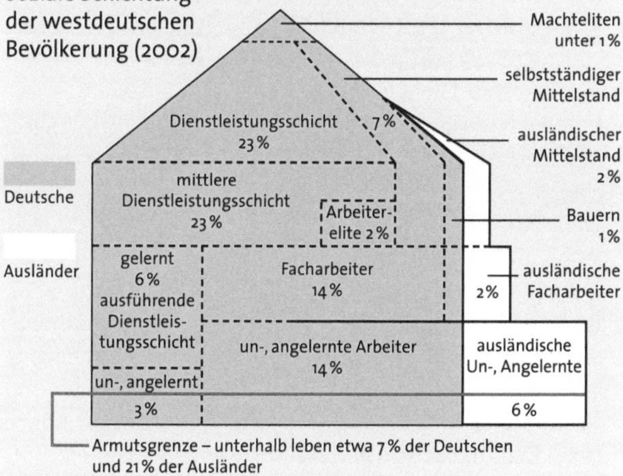

Quelle: R. Geißler, Die Sozialstruktur Deutschlands, 2002

Soziale Milieus

Soziale Milieus fassen Individuen zusammen, die sich in Lebensauffassung und Lebensweise ähneln, die also gleichsam **„subkulturelle Einheiten innerhalb der Gesellschaft"** (Sinus Sociovision) bilden.

Das Institut Sinus Sociovision erforscht jährlich neu auf der Grundlage repräsentativer Interviews Werte, Einstellungen und Alltagsorientierungen der Menschen in Deutschland. Sie werden nach ihren Wertorientierungen und Lebenszielen, nach ihren Einstellungen zu Arbeit, Freizeit und Konsum, zu Familie und Partnerschaft, ihren Zukunftsperspektiven, politischen Grundüberzeugungen und Lebensstilen befragt. Auf Grundlage dieser Merkmale werden sie zu folgenden sozialen Milieus zusammengefasst:

- **Traditionsverwurzelte:** Sicherheit und Ordnung liebende Kriegsgeneration; verwurzelt in der kleinbürgerlichen Welt bzw. in der traditionellen Arbeiterkultur;
- **Konservative:** altes deutsches Bildungsbürgertum: konservative Kulturkritik, humanistisch geprägte Pflichtauffassung und gepflegte Umgangsformen;
- **Etablierte:** selbstbewusstes Establishment: Erfolgsethik, Machbarkeitsdenken und ausgeprägte Exklusivitätsansprüche;
- **DDR-Nostalgische:** resignierte Wende-Verlierer; Festhalten an preußischen Tugenden und altsozialistischen Vorstellungen von Gerechtigkeit und Solidarität;
- **Bürgerliche Mitte:** statusorientierter moderner Mainstream; Streben nach beruflicher und sozialer Etablierung, nach gesicherten und harmonischen Verhältnissen;
- **Postmaterielle:** aufgeklärtes Nach-68er-Milieu; liberale Grundhaltung, postmaterielle Werte und intellektuelle Interessen;
- **Moderne Performer:** junge, unkonventionelle Leistungs-

elite; intensives Leben – beruflich und privat, Multi-Optionalität, Flexibilität und Multimediabegeisterung;

- **Experimentalisten:** individualistische neue Bohème; ungehinderte Spontaneität, Leben in Widersprüchen, Selbstverständnis als Lifestyle-Avantgarde;
- **Hedonisten:** spaßorientierte moderne Unterschicht/untere Mittelschicht; Verweigerung von Konventionen und Verhaltenserwartungen der Leistungsgesellschaft;
- **Konsum-Materialisten:** die stark materialistisch geprägte Unterschicht; Anschluss halten an die Konsumstandards der breiten Mitte als Kompensationsversuch sozialer Benachteiligungen.

3

Die Sinus-Milieus® in Deutschland 2007
Soziale Lage und Grundorientierung

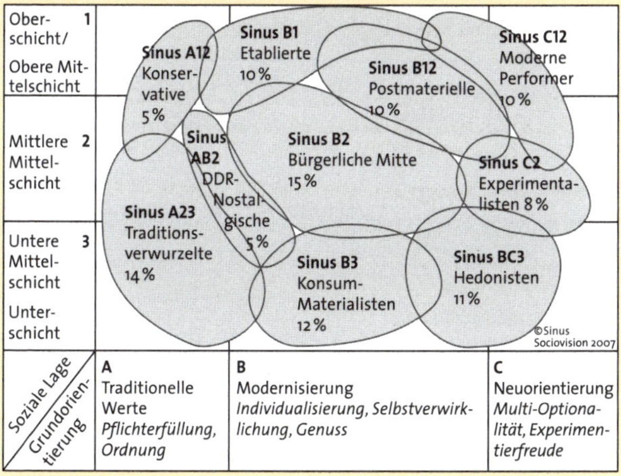

Lesehilfe: Von oben nach unten: Milieus geordnet nach sozialer Lage in Schichten, auf der Grundlage von Bildung, Beruf und Einkommen; von links nach rechts: Milieus geordnet nach der Grundorientierung von traditionell bis postmodern.

3.4 Gesellschaftsstrukturen und sozialer Wandel

Gesellschaftlicher Wandel lässt sich anhand der Bevölkerungsentwicklung, verschiedener Aspekte sozialer Ungleichheit und sozialer Mobilität beschreiben.

Bevölkerungsentwicklung in Deutschland bis 2050

Deutschland hatte Ende 2006 rd. 82,3 Mio. Einwohner, davon 51 % Frauen. Seine **Bevölkerungsentwicklung** wird nach Prognosen des Statistischen Bundesamts bis 2050 geprägt sein von:

- **Bevölkerungsschere**: Steigende Lebenserwartung (nach der mittleren Annahme 81 Jahre bei Männern, 86 Jahre bei Frauen) bei stagnierender oder reduzierter Geburtenrate von 1,4 Kinder/Frau (Bestandserhaltungsniveau: 2,1). Der Altenquotient (Verhältnis der über 65-Jährigen zu den 20- bis 64-Jährigen) wird sich von heute bis 2050 etwa verdoppeln.
- **Geburtendefizit**: Es wird von 94 000 im Jahr 2001 auf fast 600 000 im Jahr 2050 anwachsen.
- **höhere Zuwanderung**: u. a. aus EU-Staaten, Einwanderung aus weiteren Staaten; des Weiteren Asylbewerber, Flüchtlinge.

Bestimmende Faktoren der Bevölkerungsentwicklung
→ Lebensalter und -dauer (Sterblichkeit)
→ Geburtenzahl (Fertilität)
→ Zu- und Abwanderung

Die Annahmen über die Bevölkerungszahl von 2050 schwankt zwischen 67 Mio. (niedrige Zuwanderung, geringste Zunahme der Lebenserwartung) und 81 Mio. (hohe Zuwanderung, hohe Zunahme der Lebenserwartung). Durch Maßnahmen der **Bevölkerungspolitik** wird versucht, Größe, Zusammensetzung und räumliche Verteilung der Bevölkerung zu beeinflussen (z. B. Ausbau der Kinderbetreuung, Erziehungsgeld).

Soziale Ungleichheit

Soziale Ungleichheit bezeichnet die asymmetrische Verteilung sozialer Ressourcen für die Lebensbedingungen und Lebenschancen der einzelnen Mitglieder in einer Gesellschaft:

Materieller Wohlstand (Einkommen, Vermögen)

Unterschiede in der Einkommens- und Vermögensverteilung:

- Die unteren 50 % der Haushalte verfügen über weniger als 4 % des gesamten Nettovermögens (vor allem Immobilienbesitz).
- Die vermögendsten 10 % der Haushalte verfügen über knapp 47 % des Nettovermögens, das für Deutschland 2002 auf 5,42 Billionen Euro beziffert wurde.
- Die durchschnittlichen Vermögen der ostdeutschen Haushalte erreichten 2003 mit 60 000 Euro 40 % des Durchschnittsbetrags der westdeutschen Haushalte.

Verschuldung

Menschen in überschuldeten Haushalten sind von sozialer und ökonomischer Teilhabe oft ausgeschlossen. Von den 38,7 Mio. privaten Haushalten in Deutschland waren 2002 8,1 % von **Überschuldung** betroffen; ihr Einkommen reichte trotz Reduzierung des Lebensstandards über längere Zeit nicht zur fristgerechten Schuldentilgung. Verschuldung kann zu Armut und sozialer Ausgrenzung führen; beides korrespondiert in hohem Umfang mit Arbeitslosigkeit (↑ S. 104 ff.).

Sozialprestige

Ein hohes soziales oder niedriges Ansehen einer gesellschaftlichen Gruppe (nicht eines Individuums) ist häufig bereits in

Zeiten begründet worden, in denen die gesellschaftliche Wertschätzung der einzelnen Gruppen genau festgelegt war (↑ S. 62). Heute genießt der „Ärztestand“ das höchste Sozialprestige.

Macht

Max Weber definiert Macht als „jede Chance innerhalb einer sozialen Beziehung, den eigenen Willen auch gegen Widerstreben durchzusetzen, gleichviel worauf diese Chance beruht“ (ders., Wirtschaft und Gesellschaft, Tübingen [5]1972, S. 28).

Sozialer Einfluss

Sozialer Einfluss ist jedes Verhalten von Personen oder Gruppen, das das zukünftige Verhalten bzw. die Einstellung anderer Personen oder Gruppen verändert. Macht und sozialer Einfluss sind in Deutschland vor allem mit beruflicher Position und Sozialprestige eng verbunden.

Bildung

Bildung zielt darauf ab, Menschen einen bewussten Zugang zur Kultur in ihren verschiedensten Ausdrucksformen zu ermöglichen, damit sie ein umfassendes Verständnis von der Welt und der eigenen Stellung in ihr entwickeln können. Sie spielt bei der Verteilung von Teilhabe- und Verwirklichungschancen in unserer Gesellschaft eine herausragende Rolle. Der Zugang zu höherwertigen Schul-, Ausbildungs- und Berufsabschlüssen und zum Studium wird in Deutschland stark durch Herkunft, Bildungsstand und berufliche Stellung der Eltern bestimmt.
Beispiel 1: Schülerinnen und Schüler derselben Schulform haben je nach Bildungsstand des Elternhauses in Mathematik einen Kompetenzvorsprung von bis zu zwei Schuljahren.
Beispiel 2: Die Chance eines Kindes aus einem Elternhaus mit hohem sozialem Status, ein Studium aufzunehmen, ist 7,4-fach größer als die eines Kindes aus einem Elternhaus mit niedrigerem sozialen Status.

Soziale Mobilität

Soziale und territoriale Mobilität

Soziale Mobilität ist die Bewegung von Einzelpersonen oder Gruppen in der Gesellschaft – innerhalb oder zwischen den Klassen und Schichten, territoriale (räumliche) Mobilität die Bewegung von Einzelpersonen oder Gruppen im geografischen Raum.

Bedingungen für soziale Mobilität können sein:

wirtschaftliche Dynamik
Wandel von der Industrie- zur Dienstleistungsgesellschaft

demografische Verschiebungen
Veränderungen des generativen Verhaltens, höhere Lebenserwartung

Eine offene, pluralistische Gesellschaft, die sich am Prinzip der Chancengerechtigkeit für alle Individuen orientiert, ist an ungehinderter sozialer Mobilität interessiert. Barrieren für soziale Mobilität (z. B. Benachteiligung von Frauen im Erwerbsleben) sollen (z. B. durch Gleichstellungsgesetze) überwunden werden.

Soziale Mobilität wird untergliedert in:
- **vertikale Mobilität**, d. h. Positionswechsel von einer niedrig auf eine höher bewertete Ebene und umgekehrt,
- **horizontale Mobilität**, d. h. Positionswechsel (z. B. im Beruf) auf derselben Ebene,
- **Intergenerationenmobilität**, d. h. vertikale und horizontale Bewegung von einer Generation zur nächsten. Sie ist häufig mit räumlicher Mobilität verbunden.
  Beispiel 1: Verlust des Arbeitsplatzes/beruflicher Aufstieg.
  Beispiel 2: Veränderung der sozialen Stellung durch Erbschaft.

3.5 Ausgewählte Gesellschaftsmodelle

Risikogesellschaft

Moderne Industriegesellschaften sind Risikogesellschaften.

In hoch entwickelten Industriegesellschaften entstanden bzw. entstehen mehr soziale, ökologische, individuelle und politische Risiken als staatliche Sicherungsmechanismen und Kontrolleinrichtungen bewältigen konnten bzw. können.

Im Vergleich mit dem 19. Jahrhundert ist nach Ulrich Beck (*1944) heute nicht die Gewinnung von Wohlstand, sondern die Abwendung von Risiken oberstes Ziel einer Gesellschaft.

Gefahren und Risiken in der Industriegesellschaft

- Selbstgefährdung des Menschen durch sinnlich nicht wahrnehmbare, individuell nicht vermeidbare, von Experten widersprüchlich interpretierte Risiken.
  Beispiele: BSE, Klimawandel, Tschernobyl 1986.
- Risiken betreffen alle; sie sind zeitlich, örtlich, räumlich nicht oder schwer eingrenzbar und kaum versicherbar. Sie erschweren Kalkulation und Vorsorge in der Lebensführung.
  Beispiele: Radioaktivität unterscheidet nicht zwischen Arm und Reich.

Individualisierung als Kennzeichen der Gesellschaft

Nach Beck sind alte gesellschaftliche Zuordnungen wie Schicht und Klasse und damit „vorgefertigte Biografien“ obsolet; in der Risikogesellschaft bestehe zunehmend ein Zwang zur reflexiven Lebensführung („Bastelbiografien“), die zu einer Pluralisierung von Lebensstilen führe.

Erlebnisgesellschaft

Definition: Erlebnisgesellschaft

Nach Gerhard Schulze (*1944) ist die Erlebnisgesellschaft eine auf postmaterialistische und gleichzeitig hedonistische Werte ausgerichtete, gegenwartsorientierte Konsumgesellschaft, geprägt durch Szenen und Milieus.

Szenen

Nach Schulze sind Szenen prinzipiell von Milieus unabhängige Netzwerke von (lokalen) Personengruppen. Sie zeichnen sich u.a. durch Stammpublikum und feste Lokalitäten aus.
Beispiele: Hochkulturszene, neue Kulturszene, Sportszene.

3

Milieus

Nach Schulze sind Milieus „Personengruppen, die sich durch gruppenspezifische Existenzformen und erhöhte Binnenkommunikation“ voneinander abheben (ders., Erlebnisgesellschaft, ⁷1997, S. 174). Schulze unterscheidet idealtypische „Erlebnisgemeinschaften“ nach Bildung, Alter, Attitüden, Lebensstilen, ästhetischen und kulturellen Orientierungen:

- **Niveaumilieu:** vorwiegend ältere Personen mit qualifizierter Bildung, die auf die Hochkultur ausgerichtet sind;
- **Harmoniemilieu:** vorwiegend ältere Personen mit niedriger Schulbildung; Nähe zur Trivialkultur, ästhetisch konservativ eingestellt;
- **Integrationsmilieu:** ältere Personen der mittleren Bildungsschicht; Annahme unterschiedlicher Kulturangebote;
- **Selbstverwirklichungsmilieu:** Studenten, auch kreative Berufe; Konsum einer breiten Palette von Kulturangeboten;
- **Unterhaltungsmilieu:** jüngere Personen mit niedrigem Schulabschluss; Imitation von Attitüden und Moden des Selbstverwirklichungsmilieus, Nähe zur Trivialkultur.

Empirische Datengewinnung gehört zum Handwerkszeug der Sozialwissenschaften.

- Das **Interview** wird vor allem angewendet, um durch gezieltes Befragen von ausgewählten Personen statistisch abgesicherte Aussagen zu sozialen, politischen und zeithistorischen Sachverhalten zu gewinnen.
- Die **Umfrage**, die mündlich (z. B. Telefonumfrage) oder schriftlich durchgeführt werden kann, wird in der Sozial-, Politik-, Regional- und Gesundheitsforschung sowie besonders in der Markt- und Wahlforschung angewendet. Sie zielt darauf ab, ein zuverlässiges Bild über Meinungen, Bewertungen und Denkweisen zu bestimmten Sachverhalten zu gewinnen und gegebenenfalls Schlussfolgerungen zu ziehen.

Sowohl beim Interview als auch bei der Umfrage kann der **Fragebogen** eine wichtige Grundlage darstellen.

Interview

Es gibt zwei Arten:

quantitatives (standardisiertes) Interview	**qualitatives (freies, ungelenktes) Interview**
▸ Durchführung mit ausgearbeitetem Fragebogen	▸ Durchführung mit thematischem Leitfaden; Reihenfolge und Gestaltung der Fragen sind flexibel
▸ vorgegebene Antwortmöglichkeiten	▸ unbeschränkte Antwortmöglichkeiten
▸ *Ziel*: v. a. Überprüfung von Bekanntem	▸ *Ziel*: differenzierte Erfassung individueller Meinungen, um gesellschaftliche Sachverhalte oder Entwicklungen zu erfassen

Umfrage mit Fragebogen

Merkmale eines guten Fragebogens:
- nicht mehr als 20 Fragen,
- kurze, präzise Formulierung der Fragen ohne Wertungen,
- Mischung von geschlossenen und offenen Fragen.

geschlossene Fragen	offene Fragen
„Soll es dieses Jahr ein Straßenfest geben?“	„Wie soll das Straßenfest gestaltet werden?“
standardisierte Antwortvorgaben, z. B. Multiple-Choice-Verfahren, Ja-Nein-Antworten, Antworten auf Basis einer Skala (0–1–2–3)	freie Antworten, Fehlen standardisierter Antwortvorgaben

3

Auswahlverfahren

In der empirischen Sozialforschung ist es nicht immer möglich, eine **Totalerhebung** durchzuführen, d. h. alle Individuen der zu untersuchenden Gruppe (z. B. alle Einwohner Berlins) zu befragen. Man benötigt daher eine **repräsentative Umfrage**, um die beobachteten Merkmale auf die Befragungsgesamtheit übertragen zu können. Sie erfolgt nach folgenden Kriterien:

- **geeignete Stichprobengröße**: Sie richtet sich nach der Befragungsgesamtheit.

  30 Befragte bei 300 Mitarbeitern eines Unternehmens

- **Zufallsprinzip**: In einer Befragungsgesamtheit muss jeder die gleiche Chance haben, in die Stichprobe zu kommen.

  Losverfahren oder Abzählen jeder x-ten Telefonnummer

4 Wirtschaftliche Grundlagen

Wichtige Grundbegriffe

Wirtschaftliches Handeln

Es besteht im:
- **Produzieren,**
- **Konsumieren** und
- **Tauschen**

von wirtschaftlichen Gütern.

Wirtschaften müssen wir, weil der Mensch eine Vielzahl von Bedürfnissen hat.

Güter und Dienstleistungen

Güter sind materielle Dinge, die auf dem Markt gekauft werden können. Außerdem können auch **Dienstleistungen** gekauft werden.

Güter: Auto, Brot

Dienstleistungen: Fahrt mit dem Bus, Haarschnitt

Produktion, Konsum, Tausch

Produktion ist das Herstellen, **Konsum** ist der Verbrauch, **Tausch** ist die Verteilung von Gütern.

Bei der materiellen Produktion von Gütern müssen die **Produktionsfaktoren** miteinander kombiniert werden: **Kapital, Arbeit und Boden (Natur).**
Neben diesen werden heute auch **Information bzw. Kommunikation** und der **technische Fortschritt** als Produktionsfaktoren genannt.

Wer Pizzen herstellt, benötigt Ofen und Pizzaformen, Arbeitskräfte und einen Backraum.

4.1 Wirtschaftsordnungen

Wirtschaftliche Grundfragen

In jeder Volkswirtschaft müssen die Fragen beantwortet werden:
- Welche Güter werden produziert?
- Wie wird produziert?
- Für wen wird produziert?

Die Verteilung der Produktionsfaktoren (**Allokation**) und die Verteilung der Güter müssen geregelt sein. Sind diese Regelungen durch Gesetze festgelegt, spricht man von der **Wirtschaftsverfassung**.

Die **Wirtschaftsordnung** kann zwischen **zwei Idealtypen** angesiedelt sein:

Kriterien	Zentralverwaltungswirtschaft	Marktwirtschaft
Koordination der Wirtschaftseinheiten	staatlicher Plan, Steuerung durch Planungsbehörde	Steuerung durch Markt und Wettbewerb
Beeinflussung durch den Staat	Normen, Gebote, Plansoll-Vorgaben	Verbote (staatlicher Ordnungsrahmen)
Eigentumsordnung	Staatseigentum (Sozialismus)	Privateigentum (Kapitalismus)
Zusammenhang mit der politischen Ordnung	„Diktatur des Proletariats“: autoritäres System	Demokratie
Wirtschaftliche Systemprobleme	Unterversorgung durch Fehleinschätzungen	Vergeudung durch Überproduktion

Marktwirtschaft

Die Entscheidung der Bundesrepublik Deutschland für die Marktwirtschaft ist keine Frage der Verfassung. Diese enthält auch Elemente, die eine zentrale Lenkung der Wirtschaft vorbereiten könnten.

Wesentliche Grundbedingungen für die Marktwirtschaft aber sind im Grundgesetz und anderen Gesetzen verankert:

- die Freiheit der Einzelnen (Art. 2 GG),
- die Informationsfreiheit (Art. 5 GG),
- die freie Berufswahl (Art. 12 GG),
- das Recht auf Eigentum (Art. 14 GG),
- die Vertragsfreiheit (Art. 2 GG und BGB),
- die Gewerbefreiheit (Art. 2 GG und Gewerbeordnung).

Nach den Vorstellungen des klassischen Liberalismus (Adam Smith, 1723–1780) soll die Wirtschaft als heute sogenannte **freie Marktwirtschaft** funktionieren:

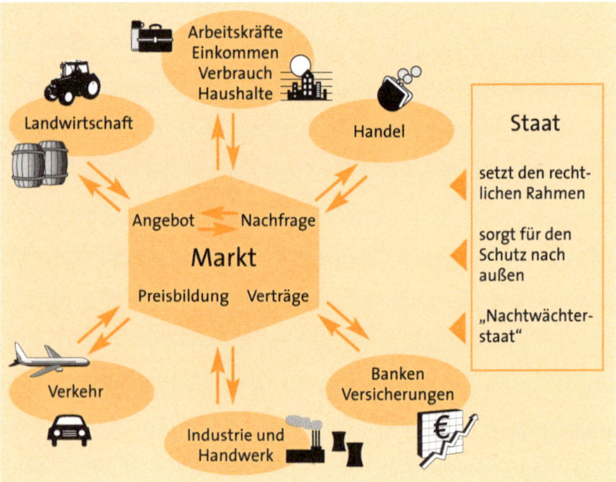

Soziale Marktwirtschaft

Beim Übergang von der zentral gelenkten Kriegswirtschaft des Zweiten Weltkriegs in Deutschland zur Marktwirtschaft wurde die Vorstellung des klassischen Liberalismus an einigen Punkten modifiziert. Walter Eucken (1891–1950), Alfred Müller-Armack (1901–1956), Wilhelm Röpke (1899–1966) und Ludwig Erhard (1897–1977) formulierten wirtschaftliche Vorstellungen mit dem Hintergrund der **christlichen Soziallehre** und des **Neoliberalismus**.

Die Marktwirtschaft muss nach diesen Vorstellungen um bestimmte Formen staatlichen Handelns ergänzt werden:

- **Sicherung des Wettbewerbs und der Wettbewerbsordnung:** Vorgehen gegen Wettbewerbsbeschränkungen und Kartelle, Verhinderung von marktbeherrschender Stellung und zu großer wirtschaftlicher Macht (↑ S. 84).
- **Herstellung sozialer Gerechtigkeit** (↑ S. 127): Vermögensumverteilung zur Korrektur von Ungleichgewichten zwischen Bevölkerungsgruppen, Stärkung der Konsumenten durch Verbraucherschutz.
- **Herstellung sozialer Sicherheit** (↑ S. 129 f.): staatliche Programme zur Abfederung konjunkturbedingter Risiken (Arbeitslosigkeit, Inflation) und Schaffung eines Systems der sozialen Sicherung und des sozialen Ausgleichs (Sozialleistungen).

4

▶ Anspruch der sozialen Marktwirtschaft

Die soziale Marktwirtschaft will die Vorteile der Marktwirtschaft wie wirtschaftliche Leistungsfähigkeit bzw. hohe Güterversorgung nutzen, gleichzeitig aber deren mögliche Nachteile wie zerstörerischen Wettbewerb, Konzentration wirtschaftlicher Macht und unsoziale Auswirkungen vermeiden.

4.2 Wirtschaftskreislauf

Modell des Wirtschaftskreislaufs

Der Wirtschaftskreislauf ist ein Modell, das verdeutlicht, wie die wirtschaftlichen Beziehungen zwischen den Gruppen von Wirtschaftssubjekten miteinander verflochten sind.

Dazu werden die Beziehungen zwischen den Wirtschaftssektoren, zu denen Gruppen von Wirtschaftssubjekten zusammengefasst sind, analysiert.

Wirtschaftssektoren

- **Haushalte**, also private Wirtschaftsgemeinschaften wie Familien oder Single-Haushalte;
- **Unternehmen.**

Funktionieren des einfachen Wirtschaftskreislaufs

Bei der Analyse der Beziehungen zwischen Haushalten und Unternehmen stellt sich heraus, dass dem beständigen Fließen eines **Güterstroms** (z. B. Lebensmittel, Einsatz von Arbeitskraft) auf der einen Seite ein gegenläufiger **Geldstrom** (z. B. Konsumausgaben, Einkommen) auf der anderen entspricht.

Erweiterter Wirtschaftskreislauf

Nimmt man zum einfachen Wirtschaftskreislauf den **Staat** einschließlich Sozialversicherungen, Banken und Ausland hinzu (↑ S. 93), so wird deutlich, dass das Geld in allen seinen Funktionen eine Rolle spielt. So treten nicht nur Zahlungen auf, die einen Güterstrom widerspiegeln, sondern auch solche, denen kein unmittelbares materielles Äquivalent entspricht. Längst können Banken und auch Privatleute allein mit Geld Geschäfte machen, ohne dass Güter beteiligt sind.

Der Geldkreislauf in der offenen Volkswirtschaft

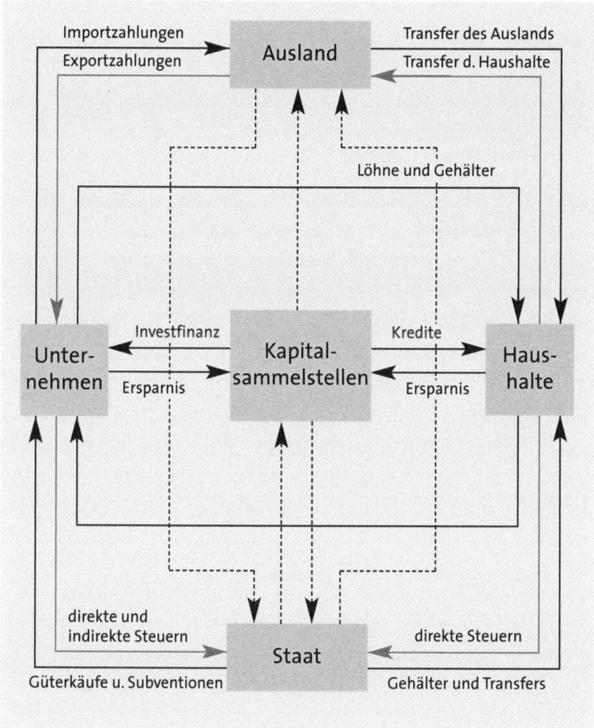

Funktion von Modellen in der Wirtschaftstheorie

In ökonomischen Modellen wird versucht, die Realität auf wenige typische Merkmale einer Sache so zu reduzieren, dass gültige Aussagen gemacht werden können. Modelle müssen vereinfachen, weil sie überschaubar bleiben sollen.

Beispiele: Wirtschaftskreislauf, Preisbildungsmechanismus, vollkommener Markt.

4

4.3 Preisbildung und Markt

Preisbildung

Preise bilden sich auf dem Markt, wenn **Angebot** und **Nachfrage** zusammentreffen.

Die einzelnen Marktteilnehmer nutzen die Preise als Orientierung und richten die von ihnen angebotenen bzw. nachgefragten Mengen danach aus. Die zu den einzelnen Preisen angebotenen Mengen werden in der **Angebotsfunktion**, die nachgefragten Mengen (X) zu bestimmten Preisen (P) in der **Nachfragefunktion** ausgedrückt. Im **Preis-Mengen-Diagramm** ist der **Marktpreis** als Schnittpunkt der Angebots- (A) und der Nachfragekurve (N) bestimmt und drückt aus, dass in diesem Punkt **Marktgleichgewicht** besteht (**Gleichgewichtspreis**). Der Gleichgewichtspreis ist nichts Feststehendes, sondern wird in immer neuen Marktreaktionen neu erreicht.

Vom Nachfrageüberhang zum „Gleichgewicht"

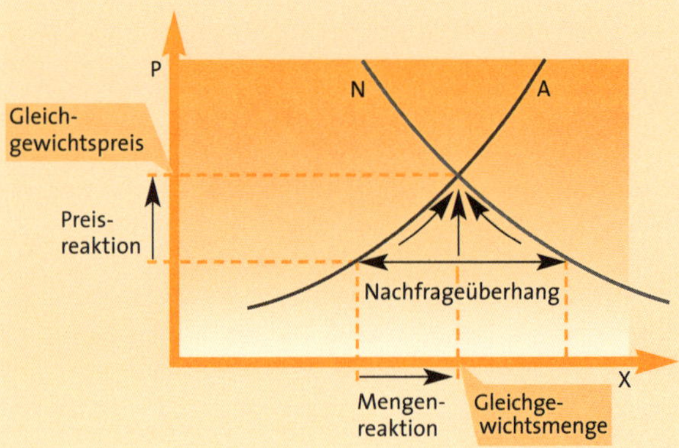

Die **Modellvorstellung** der Preisbildung entspricht der Realität nur unter bestimmten Bedingungen:

- Es besteht **freier Marktzugang** (Preise, die im Großhandel gelten, nutzen dem einfachen Verbraucher nichts, der dort nicht kaufen kann).
- Es besteht **Markttransparenz** (alle günstigen Möglichkeiten sind den Marktteilnehmern bekannt).
- Anbieter und Nachfrager müssen zahlreich sein (**„atomistischer Markt“**).

Die **Transaktionskostentheorie** versucht ein realistischeres Bild der Preisbildung zu ermöglichen. Sie erklärt, dass der Preismechanismus selbst nicht kostenlos sei, sondern Kosten für Information, Wachung über die Einhaltung von Verträgen usw. einbezogen werden müssten. **Unvollkommene Märkte** sind Märkte, auf denen die Preisbildung wegen fehlender Voraussetzungen nicht modellhaft funktioniert:

Marktform	Kennzeichen	Auswirkungen
monopolistischer Markt (Anbieter)	ein Anbieter, viele Nachfrager	Preise werden vom Monopolisten bestimmt; er kalkuliert sie nach Gewinnmaximierung
monopolistischer Markt (Nachfrager)	ein Nachfrager, viele Anbieter	Preise werden niedrig gehalten, Abhängigkeit vom Nachfrager
oligopolistischer Markt (Anbieter)	wenige Anbieter, viele Nachfrager	ruinöser Preiskampf bis Preisabsprachen
oligopolistischer Markt (Nachfrager)	viele Anbieter, wenige Nachfrager	ruinöser Preiskampf bis Preisabsprachen

4

4.4 Wettbewerb und Wettbewerbsbeschränkungen

Leistungen des Wettbewerbs

In der Marktwirtschaft leistet der Wettbewerb die Koordinierung der Pläne der Wirtschaftsteilnehmer. Durch den Wettbewerb wird das **freie Zusammentreffen von Anbietern und Nachfragern** ermöglicht.

Dem Wettbewerb (der Konkurrenz) werden in der Marktwirtschaft noch **weitere Funktionen** zugeschrieben, u. a.:

Wirtschaftliche Funktionen des Wettbewerbs	
Steuerungsfunktion	Anbieter, die am Markt bestehen wollen, müssen den Konsumentenpräferenzen entsprechende Angebote machen.
Allokationsfunktion	Die Produzenten nutzen die Produktionsverfahren, die die bestmögliche Ausnutzung der Produktionsfaktoren ermöglichen.
Innovationsfunktion	Es wird ständig nach Verbesserungen und neuen Produkten gesucht.
Anpassungsfunktion	Anbieter passen sich ständig neu den Gegebenheiten des Marktes an.
Verteilungsfunktion	Der Wettbewerb soll eine leistungsgerechte Einkommensverteilung bewirken.

Gesellschaftspolitische Funktionen des Wettbewerbs	
Handlungsfreiheit	Wettbewerb ermöglicht freies Handeln.
Wahlfreiheit	Auswahlmöglichkeit zwischen verschiedenen Anbietern erlaubt die freie Wahl (auch des Arbeitsplatzes).
Kontrollfunktion	Wettbewerb beugt zu starken Machtanhäufungen in Politik und Gesellschaft vor.

Wegen seiner wichtigen Funktionen muss der Wettbewerb in der Marktwirtschaft geschützt werden. Dies geschieht durch das **Gesetz gegen Wettbewerbsbeschränkungen** (GWB).

Wettbewerbsbeschränkungen können im Interesse von Unternehmen liegen. **Kartelle** (Absprachen zwischen Unternehmen) gehen zu Lasten der Nachfrager. Beispiele:

Name	Inhalt der Absprache
Preiskartell	Preisbildung, z. B. Mindestpreis
Quotenkartell	Aufteilung des Angebots
Gebietskartell	Aufteilung der Absatzgebiete
Rabattkartell	gemeinsame Preisnachlässe
Submissionskartell	Verfahren, das bei öffentlichen Ausschreibungen Aufträge für alle sichert
Importkartell	Behinderung ausländischer Anbieter
Exportkartell	Strategien auf ausländischen Märkten
Normen- bzw. Typenkartell	Eigenschaften des Produkts werden gemeinsam festgelegt
Konditionenkartell	Abgabebedingungen des Produkts werden gemeinsam festgelegt
Mittelstandskartell	zur Behauptung mittelständischer Unternehmen gegenüber Großunternehmen
Strukturkrisenkartell	zur Milderung von Krisenfolgen wegen Absatzrückgängen
Spezialisierungskartell	Spezialisierung der einzelnen Kartellmitglieder auf bestimmte Produktlinien
Rationalisierungskartell	gemeinsame Strategien zur Rationalisierung

Auch **Fusionen**, also Unternehmenszusammenschlüsse, können Wettbewerbsbeschränkungen bewirken, wenn der Zusammenschluss zu einer monopolähnlichen Stellung auf einem Markt und entsprechender Marktmacht führt.

4.5 Wettbewerbssicherung

Bundeskartellamt

Zur Sicherung des Wettbewerbs wurde in Deutschland 1958 eine Kartellbehörde errichtet, das Bundeskartellamt.

Aufgaben des Bundeskartellamts

- Überwachung des grundsätzlichen Kartellverbots,
- Kontrolle von Fusionen bzw. Zusammenschlüsse zwischen Unternehmen,
- Ausübung der Missbrauchsaufsicht über marktbeherrschende Stellungen von Unternehmen.

Grundsätze der Arbeit des Bundeskartellamts

- Verboten sind Preis-, Quoten-, Gebiets-, Submissions-, Rabatt-, Import- und Exportkartelle.
- Zugelassen werden können Normen- und Typenkartelle und Konditionenkartelle sowie Strukturkrisenkartelle.
- Genehmigt werden können Spezialisierungs- und Rationalisierungs- und weitere Kartelle, wenn sie nicht zu marktbeherrschender Stellung führen und die Verbraucher am Gewinn aus der Kartellierung beteiligt sind.

Aufgaben der Monopolkommission

- beobachtet die Konzentration in der Wirtschaft und berichtet an die Bundesregierung,
- erstellt Gutachten für das Kartellamt.

Ministererlaubnis

Kartelle können vom Bundeswirtschaftsminister erlaubt werden, wenn Beschränkungen des Wettbewerbs im Interesse der Gesamtwirtschaft und des Gemeinwohls nötig sind.

Fusionskontrolle. Die Fusions- oder Zusammenschlusskontrolle ist eine weitere **Maßnahme zur Sicherung des Wettbewerbs.** Unternehmenszusammenschlüsse, bei denen eine marktbeherrschende Stellung entstehen würde, sollen verhindert werden. Unternehmen müssen nach dem **Kartellgesetz** beabsichtigte Fusionen beim Bundeskartellamt anmelden, sobald eine bestimmte Größe, Beschäftigtenzahl bzw. ein bestimmter Marktanteil überschritten wäre. Der Zusammenschluss kann verboten werden, wenn eine marktbeherrschende Stellung entstünde.

Europäisches Kartellrecht. Fälle mit Bedeutung für den Gemeinsamen Markt werden von der Europäischen Kommission in Brüssel nach den Regeln des europäischen Wettbewerbsrechts untersucht und entschieden. Kooperationsvereinbarungen zwischen Unternehmen in den verschiedensten Bereichen – sei es z. B. über die gemeinsame Entwicklung oder den Vertrieb von Produkten, über gemeinsame Forschung oder über bestimmte Vertriebswege – können Wettbewerbsbeschränkungen im Sinne des Art. 81 Abs. 1 EG-Vertrag darstellen und damit verboten und nichtig sein (Kartellverbot des EG-Vertrages). Eine Freistellung vom Kartellverbot kann erfolgen, wenn

- die Verbraucher an dem entstehenden Gewinn angemessen beteiligt werden,
- die Warenerzeugung oder -verteilung verbessert wird oder
- der technische oder wirtschaftliche Fortschritt gefördert wird und
- keine marktbeherrschende Stellung im EU-Raum entsteht.

Nationales und europäisches Kartellrecht können zu unterschiedlichen Ergebnissen gelangen. Eine marktbeherrschende Stellung in Deutschland muss z. B. keine Beschränkung des Wettbewerbs im europäischen Rahmen bedeuten.

Darstellung von Statistiken

Statistiken sind ein wichtiges Handwerkszeug. Zur Statistik gehören Angaben über die Herkunft des Datenmaterials und die Quelle, damit sie sinnvoll auswertbar sind.

Statistiken werden in zwei wichtigen Hauptformen präsentiert:
- als Tabelle;
- als Grafik.

Tabellen

Tabellen für statistisches Material haben eine bestimmte Form:

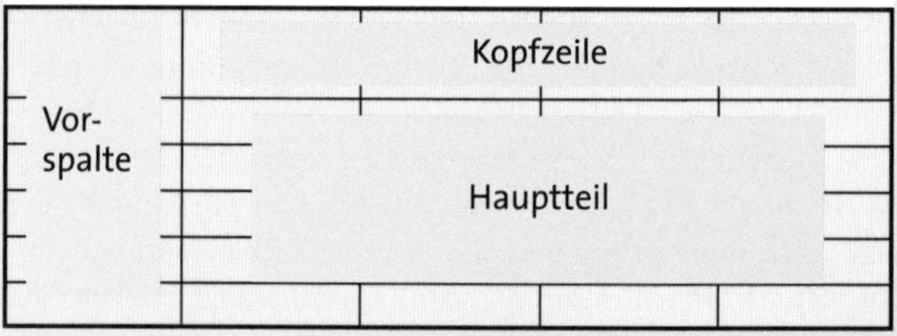

Grafiken

Für Grafiken existieren verschiedene Darstellungsmöglichkeiten, die häufig auch in Kombination sowie zusammen mit Tabellen auftreten können.

Wichtige Grafiktypen:
- Balken- und Säulendiagramme,
- Liniendiagramme,
- Kreisdiagramme,
- Spannweitendiagramme.

Analyse von Statistiken

1. Lesen und Klären

Die Analyse von Statistiken beginnt mit dem sorgfältigen **Wahrnehmen** der dargebotenen Information. Dabei können u. a. folgende Fragen hilfreich sein:

- Worum geht es bei der Statistik? (→ Titel, Kontext)
- Welche Frage(n) werden beantwortet? (→ Titel, Kontext)
- Welche Informationen sind erfasst? (→ Kopf, Vorspalte)
- Wer hat die Statistik verfasst bzw. in Auftrag gegeben? (→ Quelle, Kontext)
- Wie wurden die Daten ermittelt? (→ Titel, Kontext, Quelle)
- Wie aktuell sind die Daten? (→ Titel, Quelle)
- Welcher Glaubwürdigkeitsgrad ergibt sich durch diese Quelle? (→ Kontext, Allgemeinwissen)
- Sind offensichtliche Fehler oder Lücken vorhanden?

4

2. Darstellen

Die Aussagen des statistischen Materials werden in sprachlicher Form dargestellt, um das Verständnis der Statistik zu zeigen. Folgende Regeln sollten beachtet werden:

- Das Thema der Statistik muss formuliert werden.
- Die Quelle bzw. der Kontext sollte genannt werden.
- Die Aussage soll klar benannt werden.
- Auf den Hauptteil muss man mehrere Sätze verwenden, um die Statistik nicht auf einzelne Aussagen zu reduzieren.
- Benannt werden Beziehungen zwischen den Daten bzw. Entwicklungen.

3. Interpretieren

Beim Interpretieren sollen die über die Daten hinausgehenden Informationen erkannt und dargelegt werden. Dabei sollten hinter der Statistik stehende Interessen aufgezeigt und eventuelle Manipulationen aufgedeckt werden.

5 Wirtschaftspolitik

Wichtige Grundbegriffe

Markt/Märkte

Bei einem **Markt (Märkte)** handelt es sich um einen Ort (Orte), an dem Angebot und Nachfrage nach Gütern und Dienstleistungen aufeinandertreffen.
Ein **Angebot** ist eine Gütermenge, die ein Verkäufer auf dem Markt absetzen möchte.
Eine **Nachfrage** ist die Menge der Güter, für die ein zahlungsfähiger Bedarf auf dem Markt besteht.

Das Angebot an Handys ist riesig.

Handys ohne Kamera werden kaum mehr nachgefragt.

Staat

Auch der **Staat** kann auf den Ebenen von **Bund**, **Länder** oder **Gemeinden** als Nachfrager und Anbieter sowie als Träger von Wirtschaftspolitik auftreten.

Der Staat dämpft die Nachfrage durch höhere Steuern.

Steuern

Der Staat kann gegenüber natürlichen oder juristischen Personen **Steuern**, d. h. Abgaben erheben, für die es keine unmittelbare Gegenleistung gibt.

Man unterscheidet zwischen:

- **direkten Steuern** und
- **indirekten Steuern**.

Einkommensteuer
Tabaksteuer

5.1 Akteure und Ziele der Wirtschaftspolitik

Definition: Wirtschaftspolitik

Zur Wirtschaftspolitik gehören alle staatlichen Maßnahmen, die darauf ausgerichtet sind, das Wirtschaftsleben zu gestalten.

Träger der Wirtschaftspolitik in Deutschland sind:

- Bundestag,
- Bundesregierung, besonders der Bundeskanzler und der Wirtschaftsminister,
- Landtage,
- Länderregierungen, besonders die Ministerpräsidenten und die Wirtschaftsminister der Länder,
- Industrie- und Handelskammern,
- Arbeitgeberverbände, Gewerkschaften,
- Europäische Kommission,
- Europäische Zentralbank.

Im **„Bündnis für Arbeit, Ausbildung und Wettbewerbsfähigkeit“** wurde eine Koordinierung zwischen den Trägern der Wirtschaftspolitik versucht. Diese Bemühungen hatten wenig Erfolg, weil sie an die Grenzen der **Tarifautonomie** stießen.

Definition: Tarifautonomie

Recht der Tarifpartner, Arbeitgeber(vereinigung) und Arbeitnehmervertretung (Gewerkschaft), durch freie Vereinbarung Tarifverträge ohne staatliche Einmischung auszuhandeln.

Magisches Viereck

In Deutschland sind im **Gesetz zur Förderung der Stabilität und des Wachstums der Wirtschaft (Stabilitätsgesetz)**, das seit seinem Inkrafttreten 1967 häufig diskutiert, aber nie ersetzt wurde die Ziele der Wirtschaftspolitik festgelegt:

Ziele der Wirtschafts- und Finanzpolitk
festgelegt im „Gesetz zur Förderung der Stabilität und des Wachstums der Wirtschaft" von 1967

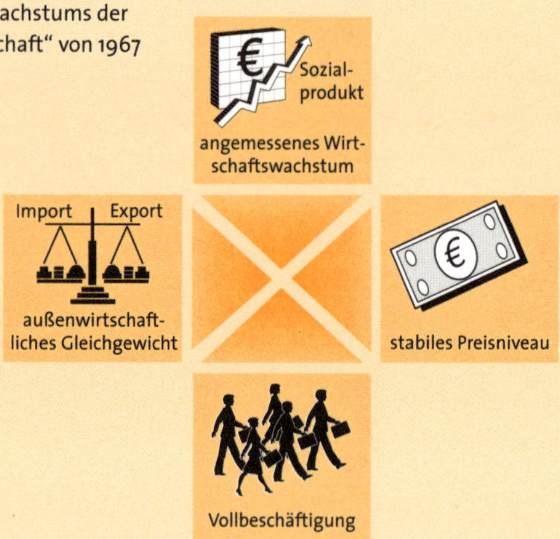

Instrumente für eine Wirtschaftspolitik (↑ S. 100) nach dem Stabilitätsgesetz:

- Einnahmenpolitik;
  Beispiel: Schulden- und Einlagenpolitik (Bildung von Rücklagen, Handhabung von Krediten usw.);
- Steuerpolitik (u. a. Handhabung der Gewerbesteuer und der Einkommenssteuer);
- Ausgabenpolitik (Handhabung staatlicher Investitionsvorhaben usw.).

Weitere Ziele der Wirtschaftspolitik

Das magische Viereck wird oftmals zu einem **Sechs- oder Siebeneck** erweitert. Zusätzliche Ziele sind dann:

- Umweltschutz bzw. Nachhaltigkeit,
- gerechte Einkommensverteilung,
- gerechte Verteilung von Arbeit.

Denn neben den ursprünglich vier Zielen ergeben sich noch weitere, u. a. aus dem **Sozialstaatsgebot** und der **Verpflichtung zur Sicherung der natürlichen Lebensgrundlagen**. Einige von ihnen sind erst nach dem Inkrafttreten des Stabilitätsgesetzes im Grundgesetz verankert bzw. in der gesellschaftlichen Diskussion aufgestellt worden.

Zielkonflikte

Bereits die Ziele des magischen Vierecks sind offensichtlich selten alle gleichzeitig zu erreichen. In der Geschichte der Bundesrepublik Deutschland gab es Zeiten, zu denen eine recht niedrige Arbeitslosenquote bei recht hoher Geldentwertung bestand (z. B. 1966: 0,7 % Arbeitslosenquote, 3,6 % Preisanstieg). Seit den 1980er-Jahren ist dies umgekehrt.

Neue Zielkonflikte ergeben sich im Zuge der Erweiterung des Zielkatalogs:

- Häufig wird das Ziel des Umweltschutzes unmittelbar gegen das Wachstumsziel formuliert.
- Das Ziel einer gerechten Einkommensverteilung wirft die Frage auf, wie viel Anreiz in der Wirtschaft nötig ist, damit unternehmerische Initiative ergriffen wird.
- Angesichts des Ziels einer gerechten Verteilung von Arbeit wird argumentiert, dass es kein Zufall sei, dass die bestausgebildeten und motiviertesten Menschen eine bessere Chance auf einen Arbeitsplatz hätten, denn nur so sei die Wettbewerbsfähigkeit der Wirtschaft zu sichern.

5.2 Wirtschaftspolitische Konzeptionen

Nachfrageorientierte Wirtschaftspolitik: Keynes

Durch die Weltwirtschaftskrise 1929 gelangte John Maynard Keynes (1883–1946) zur Auffassung, der freie Preisbildungsmechanismus auf den Märkten sei unter bestimmten Bedingungen nicht in der Lage, eine für Vollbeschäftigung ausreichende gesamtwirtschaftliche Güternachfrage zu schaffen. Den hieraus resultierenden Beschäftigungskrisen müsse der Staat durch Maßnahmen der Nachfragebeeinflussung entgegenwirken.

Die **gesamtwirtschaftliche Güternachfrage** entspricht der Summe aus:

- **Konsumgüternachfrage** C der privaten inländischen Haushalte,
- **Investitionsgüternachfrage** I der im Inland produzierenden Unternehmen,
- **Güternachfrage des Staates** G,
- **Außenbeitrag** AB (Warenexporte minus Warenimporte).

Realeinkommen der Volkswirtschaft

Aus der gesamtwirtschaftlichen Güternachfrage ergibt sich das Realeinkommen Y der Volkswirtschaft:

$$Y = (C + I + G + AB)$$

Multiplikatoreffekt: Im Idealfall zieht nach Keynes eine Steigerung der Investitionsgüternachfrage eine verstärkt erhöhte Gesamtnachfrage nach sich. Nicht immer aber tritt dieser Idealfall ein. Dann entsteht nach Keynes eine „Nachfragelücke“, die der Grund für Arbeitslosigkeit ist und die durch staatliche Nachfrage zu schließen sei.

Instrumente der nachfrageorientierten Wirtschaftspolitik (mögliche Maßnahmen zur Schließung der „Nachfragelücke"):

- **Erhöhung der staatlichen Güternachfrage** zur unmittelbaren Erhöhung der gesamtwirtschaftlichen Güternachfrage,
- **Steuersenkungen**, die die verfügbaren Einkommen der privaten Haushalte und hierüber ihre Konsumgüternachfrage erhöhen,
- **Maßnahmen der Einkommensumverteilung** zugunsten einkommensschwacher Haushalte (z. B. Änderung der Steuergesetze), weil die niedrigen Einkommensgruppen hohe Konsumquoten aufweisen,
- **handelspolitische Maßnahmen**, die auf einen Anstieg des Außenbeitrags zielen,
- **geldpolitische Maßnahmen**, die eine Senkung der nationalen Kapitalmarktzinssätze bewirken, um hierüber das inländische Investitionsklima und die private Nachfrage zu verbessern.

Deficit spending: Durch staatliche Kreditaufnahme können die staatlichen Maßnahmen Keynes zufolge finanziert werden. Keynes geht davon aus, dass sich die ausgegebenen Mittel in Zeiten einer besser funktionierenden Wirtschaft durch erhöhte Steuereinnahmen wieder erwirtschaften lassen.

Antizyklische Wirtschaftspolitik: Nach dem Keynesianismus muss der Staat in Zeiten schwacher Konjunktur Nachfrage schaffen, in Zeiten der Hochkonjunktur soll er eher bremsen und Nachfrage herausnehmen.

Globalsteuerung: Unter diesem Namen wurde die nachfrageorientierte Wirtschaftspolitik in der Bundesrepublik Deutschland nach der ersten großen Wirtschaftskrise (1966/67) in den 1970er-Jahren teilweise praktiziert. Ein in dieser Zeit beginnender Anstieg der Staatsquote wird ihr angelastet.

Angebotsorientierte Wirtschaftspolitik: Neoklassik

Aus Sicht der Neoklassik – in Anlehnung an die Klassiker der Ökonomie Adam Smith (1723–1790) und David Ricardo (1772–1823) – ist unfreiwillige Arbeitslosigkeit vor allem auf mangelnde Flexibilität der Geldlöhne auf den Arbeitsmärkten zurückzuführen, keineswegs auf fehlende Nachfrage. Arbeitslosigkeit kann insofern nur auf der Angebotsseite bekämpft werden.

Saysches Theorem: Nach Ansicht der Neoklassik gilt das saysche Theorem. Danach bestimmt das gesamtwirtschaftliche Güterangebot die gesamtwirtschaftliche Güternachfrage. Wenn Waren oder Dienstleistungen produziert werden, schlägt sich das in entsprechenden Einkommen nieder, die nach Jean-Baptiste Say (1767–1832) zu einer kaufkräftigen Nachfrage führen. Eine Nachfragelücke, wie Keynes annahm, kann nicht entstehen.

Bedingungen für Produktion und Beschäftigung: Aus dem sayschen Theorem folgt, dass die Produktionsbereitschaft der – auf Gewinnmaximierung ausgerichteten – Unternehmen lediglich davon abhängt, bei welcher Absatzmenge unter Berücksichtigung der Produktionskosten und gleichgewichtigen Güterpreise der eigene Gewinn (Absatzerlöse abzüglich Produktionskosten) maximal wird. Eine Ausweitung der Produktion um eine weitere Einheit wird den Unternehmensgewinn dann (und nur dann) erhöhen, wenn der zusätzliche Erlös aus dem Absatz größer ist als die zusätzlichen Kosten der Produktionserhöhung.
Dieser Mechanismus wird der Neoklassik zufolge durch staatliche Eingriffe und durch zu große Macht der Gewerkschaften nur gestört, sodass Arbeitslosigkeit letztlich nur durch die Verhinderung des reibungslosen Funktionierens der Marktmechanismen eintritt.

Instrumente einer angebotsorientierten Wirtschaftspolitik

- Rücknahme zu hoher Lohnkosten (Senkung des Lohnniveaus, Abbau der Lohnnebenkosten),
- flexible Gestaltung der Entlohnungs- und Beschäftigungsbedingungen (z. B. freie Vertragsgestaltung, Auflösung von Kündigungsschutz),
- Abbau staatlicher Sozialleistungen,
- Auflösung staatlicher Reglementierungen (Deregulierung).

Damit setzt eine angebotsorientierte Wirtschaftspolitik auf die Verbesserung der Bedingungen auf der Angebotsseite der Wirtschaft und auf die Freisetzung des freien Spiels der Kräfte auf allen Märkten (besonders dem Arbeitsmarkt).

Monetarismus

Diese spezielle Form angebotsorientierter Wirtschaftspolitik geht auf Milton Friedman (1912–2006) zurück. Danach ist die Entwicklung der im Umlauf befindlichen Geldmenge die zentrale Bestimmungsgröße für die Preisentwicklung. Ziel der Geldpolitik müsse es sein, für eine möglichst gut erwartbare Inflationsrate zu sorgen, also Fehlerwartungen bezüglich der allgemeinen Preisentwicklung entgegenzuwirken.

Die Monetaristen bezweifeln dabei die Möglichkeiten des Staates, im Rahmen seiner Wirtschaftspolitik hinreichend zeitnah auf kurzfristige Störungen reagieren zu können. Entsprechende Versuche würden deshalb die Gefahr bergen, dass die Wirkung der jeweiligen Maßnahme zu spät einsetzt und dann unter Umständen unerwünscht ist. Der Staat solle die Geldmenge mit einer konstanten Änderungsrate wachsen lassen, um auf diese Weise auf eine mittelfristig konstante (und gut erwartbare) Inflationsrate hinzuwirken. Auf diese Aufgabe soll sich nach Friedman der Staat beschränken und ansonsten alles dem freien Spiel der Kräfte überlassen.

5.3 Wachstum und Konjunktur

Wachstum wird aus dem Zusammenwirken dreier Quellen gespeist:

- dem Wachstum der Bevölkerung bzw. dem Zuwachs an Erwerbstätigen,
- der gesamtwirtschaftlichen Ersparnis bzw. durch die Nettoinvestitionen,
- durch technischen Fortschritt.

Messen des Wirtschaftswachstums

Gemessen wird Wachstum im Allgemeinen durch den jährlichen Zuwachs des realen Bruttoinlandsprodukts (BIP) oder den Zuwachs des Bruttosozialprodukts (BSP). Es ist üblich, diese Veränderung in % anzugeben, sodass (mathematisch) eine Wachstumsrate vorliegt.

Bruttoinlandsprodukt (BIP)	Bruttosozialprodukt (BSP)
Wert aller Güter und Dienstleistungen, die in einem Jahr in einer Volkswirtschaft erwirtschaftet werden	Wert aller Güter und Dienstleistungen, die in einer Volkswirtschaft im Jahr zur Verfügung stehen (Bruttoinlandseinkommen)

In der **volkswirtschaftlichen Gesamtrechnung (VGR)** werden die Wirtschaftsprozesse einer Volkswirtschaft für eine Periode systematisch dargestellt. Die VGR erbringt Informationen u. a. über die Einkommens- und Vermögensverteilung in der Gesellschaft (↑ S. 123). Faktoren wie Freizeit, der Abbau von Rohstoffvorräten und damit die Verringerung des Wohlstandspotenzials künftiger Generationen werden in der VGR nicht berücksichtigt.

Phasen der Konjunkturentwicklung

- Aufschwung (Erholung, Expansion),
- Hochkonjunktur (Boom, Prosperität),
- Abschwung (Rezession),
- Tief (Krise, Depression).

Idealtypischer Verlauf der Konjunkturphasen

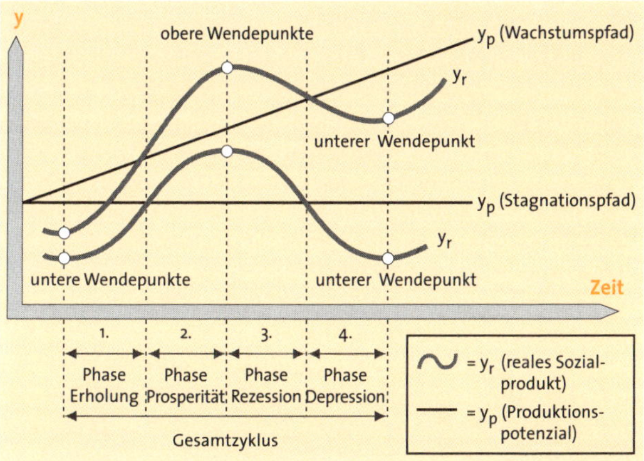

Als **Konjunkturzyklus** bezeichnet man den gesamten Zeitraum von einem Aufschwung zum nächsten. Die Zyklen dauern in der Regel zwischen vier und acht Jahren.

Nach der **Theorie der langen Wellen** der Weltkonjunktur von Nicolai D. Kondratjew (1892–1938) und anderen werden längere Zyklen von der Entwicklung neuer Technologien ausgelöst. Sie dauern ca. 50 bis 60 Jahre an. Die letzte lange Welle wurde durch die Mikroelektronik ausgelöst, die nächste wird im Zusammenhang mit der Biotechnologie erwartet.

5.4 Konjunkturpolitik

Von den Meinungen über die Entwicklung der Konjunktur hängen viele Entscheidungen ab, u. a. über Steuerausgaben, die aufgrund der (konjunkturabhängigen) Steuereinnahmen getätigt werden können.

Die Vorhersage der Konjunkturentwicklung ist z. T. subjektiv. Aber einige Daten der volkswirtschaftlichen Entwicklung können als **Indikatoren** des Konjunkturverlaufs dienen.

Art des Indikators	Beispiele
Frühindikatoren	Auftragseingang in der Industrie Lagerbestände in der Industrie
Präsenzindikatoren	Produktionsleistung Arbeitslosenzahlen Zahl der offenen Stellen
Spätindikatoren	Preisveränderungen Lohnvereinbarungen Beschäftigungssituation

Das Stabilitätsgesetz (↑ S. 92) sieht Instrumente vor, die dämpfend bzw. belebend auf die Konjunktur einwirken sollen:

Wirkung	Instrumente
kontraktiv (dämpfend)	Anhebung der Steuern Beschränkung der Abschreibungen Erhöhung von Steuervorauszahlungen Begrenzung der Staatsausgaben Konjunkturausgleichsrücklage Beschränkung der Kreditaufnahme
expansiv (belebend)	Senkung der Steuern Investitionsbonus Senkung von Steuervorauszahlungen Steigerung der Staatsausgaben

Konjunkturtheorien

Theorie	Aussage über die Ursache von Konjunkturschwankungen
monetäre Konjunkturtheorie	Instabilität des Geldumlaufs bewirkt Schwankungen.
monetäre Überinvestitions-theorie	Eine Differenz zwischen dem Geldzins (Zinsen für Leihkapital) und dem natürlichen Zins (Ertragsrate der Investitionen) sorgt für ein An- oder Abschwellen der Investitionen.
nicht monetäre Überinvestitions-theorie	Der expansive Impuls geht vom technischen Fortschritt aus. Es wird investiert, doch im Laufe der Zeit bleiben weitere technische Neuerungen aus und die Produktionskapazitäten sind zu groß.
Unterkonsumptions-theorie	Unzureichende Konsumnachfrage führt zur mangelnden Auslastung der im Aufschwung erzeugten Kapazitäten.
Psychologische Konjunkturtheorien	Unsicherheiten über die wirtschaftliche Zukunft wirken ansteckend, schaukeln sich auf und erzeugen die Krise. Euphorie führt zum Aufschwung.
marxistische Konjunkturtheorie	Ungleichverteilung des gesellschaftlichen Reichtums führt zu krisenhafter konjunktureller Entwicklung, da Kapital überakkumuliert wird.

Konjunkturpolitik: Keynesianismus

Die Konjunktur ist nach keynesianischer Auffassung steuerbar, weil konjunkturelle Einbrüche durch Mangel an Nachfrage bewirkt sind (↑ S. 94). Die keynesianische Konjunkturpolitik setzt auf die unmittelbare Wirkung staatlicher Ausgabeprogramme sowie auf den Multiplikatoreffekt:

Multiplikatoreffekt	**gegengerichtete Tendenz der Zinsentwicklung**
Erhöhung staatlicher Ausgaben	Zinserhöhung
Steigerung der Einkommen	Dämpfung der Steigerung
Erhöhung der Konsumnachfrage	Dämpfung der Steigerung
Einkommenserhöhung	Dämpfung der Steigerung
Steigerung des Steueraufkommens	Dämpfung der Erhöhung

Dem Keynesianismus zufolge führt der Multiplikatoreffekt trotz der gegengerichteten Tendenz der Zinsentwicklung zu einem Erfolg staatlicher Konjunkturprogramme.

Die Konjunkturpolitik soll **antizyklisch** verlaufen: Der Ausgabenpolitik in Krisenzeiten sollen staatliche Konjunkturausgleichsrücklagen bei wirtschaftlicher Prosperität entsprechen. Diese wirken dämpfend auf die sich überhitzende Konjunktur. Damit komme es zu einer Reduzierung der Schwankungen der Wirtschaft und zu einer Vermeidung von tiefen Krisen. Die Gesamtheit der Maßnahmen antizyklischer Konjunkturpolitik wird in staatlichen Konjunkturprogrammen zusammengefasst. Letztlich sollen sie durch Steuerung der Nachfrage Arbeitslosigkeit bekämpfen und die Konjunktur lenken.

Konjunkturpolitik: neoklassisch-liberale Sicht

Aus neoklassisch-liberaler Sicht ist eine Konjunkturpolitik keynesianischer Prägung zum Scheitern verurteilt. Es wird vor allem bezweifelt, dass die staatlichen Ausgaben zur Nachfrageerhöhung in Zeiten des Boom wieder zurückfließen können.

Mangelnde Steuerungsmöglichkeit der Konjunktur: Timelag-Problematik

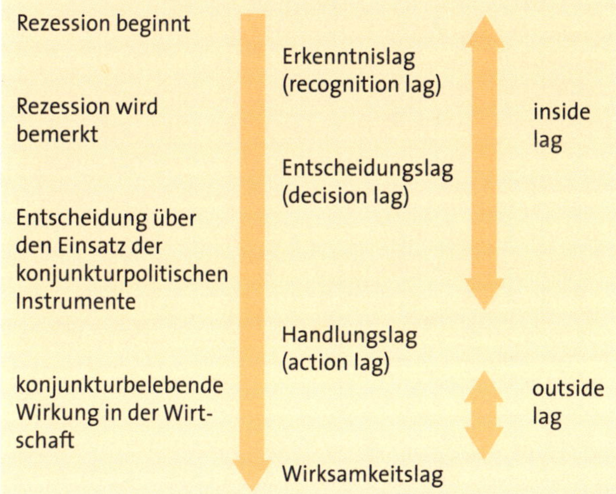

Kritik an der keynesianischen Sicht:

- Konjunkturpolitik kommt prinzipiell zu spät.
- Antizyklisch gemeinte Konjunkturpolitik wirkt letztlich prozyklisch und destabilisiert die Wirtschaft.

Maßnahmen der neoklassisch-liberalen Auffassung:

- keine konjunkturpolitischen Maßnahmen;
- Rahmenbedingungen der Wirtschaft verbessern, damit sie möglichst bald aus Krisen herausfindet.

5.5 Erwerbstätigkeit und Arbeitslosigkeit

In der Bevölkerung einer Volkswirtschaft werden die Wirtschaftssubjekte nach ihrer Rolle bei der gesellschaftlichen Produktion unterschieden:

Erwerbspersonen	Nichterwerbspersonen
■ Arbeitnehmer in einem Arbeitsverhältnis (Arbeiter, Angestellte, Beamte) ■ Selbstständige (Unternehmer) ■ Angehörige freier Berufe (u. a. praktizierende Ärzte, freie Rechtsanwälte) ■ Mithelfende Familienangehörige (der Selbstständigen, Freiberufler) ■ Arbeitslose, die einen Arbeitsplatz suchen	■ Kinder ■ Schüler ■ Studenten ■ Rentner, Pensionäre ■ Frauen und Männer, die ausschließlich im eigenen Haushalt tätig sind

Das **Erwerbspersonenpotenzial** besteht aus den bei den Arbeitsämtern gemeldeten Arbeitslosen sowie weiteren Personen, die dem Arbeitsmarkt zur Verfügung stehen, aber nicht arbeitslos gemeldet sind.

Die **Erwerbsquote** der Bevölkerung (Anteil der Bevölkerung, der erwerbstätig ist) ist trotz durchschnittlich längerer Schulbildung und Lebenszeit, Bevölkerungsrückgang und früherem Ruhestand über die letzten Jahrzehnte hinweg angewachsen. Sie liegt in Deutschland knapp unter 50% (Männer 56%, Frauen 42 %). Die Erhöhung der Erwerbsquote ist ein Trend in allen Industrieländern und hauptsächlich auf die stärkere Einbeziehung der Frauen in den Arbeitsmarkt zurückzuführen.

Definition: Arbeitslose

Arbeitslose sind nach der Definition der Bundesagentur für Arbeit Erwerbspersonen, die

- dem Arbeitsmarkt zur Verfügung stehen und vorübergehend ohne Beschäftigung sind,
- nicht älter als 65 Jahre und arbeitslos gemeldet sind,
- eine versicherungspflichtige Tätigkeit von mehr als 15 Stunden anstreben,
- nicht in Weiterbildungen gebunden sind,
- nicht in einem 1-Euro-Job beschäftigt sind.

Definition: Erwerbslose

Erwerbslose sind nach der Definition der Internationalen Arbeitsorganisation (ILO) dagegen Personen

- im Alter von 15 und mehr Jahren ohne Arbeitsverhältnis,
- die sich aktiv (egal wie) um eine Arbeitsstelle bemühen.

Formen der Arbeitslosigkeit:

- **friktionelle Arbeitslosigkeit** (durch Arbeitsplatzwechsel oder Berufsanfang),
- **saisonale Arbeitslosigkeit** (durch Klima- bzw. Produktionsbedingungen),
- **konjunkturelle Arbeitslosigkeit** (in Zeiten der Depression),
- **Mismatch-Arbeitslosigkeit** (durch fehlende Qualifikation),
- **strukturelle Arbeitslosigkeit** (durch ein dauerhaftes Missverhältnis von Arbeitsangebot und -nachfrage bezüglich Region, Branche oder Qualifikation).

Langzeitarbeitslosigkeit wird vor allem durch die strukturelle Arbeitslosigkeit erzeugt. Ihr Anwachsen ist das größte Problem des deutschen Arbeitsmarktes.

5.6 Arbeitsmarktpolitik

Arbeitsmarktpoltik als staatliches Handlungsfeld

Arbeitsmarktpolitik ist das politische Handeln eines Staates und seiner Institutionen, um die Situation der Arbeitnehmer auf dem Arbeitsmarkt und den Zugang von Arbeitswilligen zur Erwerbsarbeit zu verbessern bzw. zu ermöglichen.

Arbeitsmarktpolitik

- **passive**
  Leistungen für Einkommensausfälle bei Arbeitslosigkeit (Arbeitslosengeld)
- **aktive**
  - Arbeitsförderung
  - Maßnahmen zur Beeinflussung der Beziehungen zwischen Angebot und Nachfrage auf dem Arbeitsmarkt, u. a. Einwirkung auf
    - das System der Arbeitsbeziehungen,
    - die (berufliche) Bildung,
    - die soziale Sicherung
    - Arbeitsverträge (z. B. durch staatliche Regulierung)
    - Löhne (z. B. gesetzliche Mindestlöhne)

Als Akteure bei der **Steuerung des Arbeitsmarkts** agieren:
- Arbeitgeberverbände,
- Gewerkschaften,
- Bundesagentur für Arbeit und die regionalen Arbeitsagenturen,
- private Vermittlungsdienste,
- Beratungseinrichtungen,
- öffentlich-kommunale Bildungseinrichtungen,
- regionale Trainingszentren.

Die **Lohnpolitik** ist ein wesentlicher Teil der Arbeitsmarktpolitik der Tarifpartner:

- **Unternehmerverbände** argumentieren damit, dass zu hohe Löhne und damit Arbeitskosten die Produktion nicht nur verteuern und eine Verschlechterung der Konkurrenzbedingungen bewirken, sondern auch dafür sorgen, dass Arbeitskraft durch Kapital ersetzt wird (Rationalisierung). Auch trügen die Lohnzusatzkosten zu einer Erhöhung der Produktionskosten und damit zu den beschriebenen Tendenzen bei. Eine Verlängerung der Arbeitszeit pro Woche verbessere die Produktionsbedingungen der Wirtschaft und ihre Wettbewerbsfähigkeit.
- **Gewerkschaften** argumentieren dagegen mit der Kaufkraft der Arbeitnehmerschaft als des großen Teils der Bevölkerung. Höhere Löhne würden im Ganzen deshalb die Absatzbedingungen in der Wirtschaft verbessern und damit für mehr Beschäftigung sorgen. In dieselbe Richtung geht die Forderung nach Arbeitszeitverkürzung. Die Arbeit werde gerechter verteilt und bei Lohnausgleich verbesserten sich die Bedingungen der Wirtschaft.

Jugendarbeitslosigkeit ist ein besonderes Problem. Nur unter starkem Druck der Drohung mit einer Ausbildungsplatzabgabe und mithilfe überbetrieblicher Ausbildungsplätze können annähernd genügend Lehrstellen zur Verfügung gestellt werden, da Betriebe zunehmend weniger ausbilden.

Im Zusammenhang damit steht die Tendenz, auch die schulische Qualifikation unter arbeitsmarktpolitischen Gesichtspunkten zu betrachten, da zu geringe oder die „falsche" Qualifikation ein wichtiger Grund für Arbeitslosigkeit sein kann (↑ S. 105).

Lebenslanges Lernen zur Qualifikationserweiterung soll in der Schule grundgelegt und in Fort- und Weiterbildungsmaßnahmen fortgeführt werden.

5.7 Geldpolitik

Die Rolle der Banken im Wirtschaftsleben

Definition: Banken

Banken und Kreditinstitute sind kaufmännisch geführte Unternehmen, die mit Geld handeln. Dazu brauchen sie eine staatliche Genehmigung und unterliegen der Bankenaufsicht.

Wichtige Bankengeschäfte nach dem Kreditwesengesetz:

- das Einlagengeschäft (u. a. das Sparergeschäft),
- das Kreditgeschäft,
- der Ankauf von Wechseln und Schecks (Diskontgeschäft),
- die Anschaffung und die Veräußerung von Finanzinstrumenten für andere (Finanzkommissionsgeschäft),
- die Verwahrung und Verwaltung von Wertpapieren (Depotgeschäft),
- das Investmentgeschäft,
- die Übernahme von Bürgschaften, Garantien und sonstigen Gewährleistungen für andere (Garantiegeschäft),
- die Durchführung des bargeldlosen Zahlungsverkehrs (Girogeschäft),
- die Herausgabe und Platzierung von Wertpapieren (Emissionsgeschäft),
- die Ausgabe und Verwaltung von elektronischem Geld (E-Geld-Geschäft).

Geldschöpfung bzw. Kreditschöpfung

- **Kredite:** Im Rahmen ihrer Geschäfte erhalten die Banken von ihren Kunden Einlagen. Mit diesem Geld müssen sie so wirtschaften, dass nicht nur für den Sparer Zinsen, sondern auch Gewinne für die Bank verbleiben. Banken verleihen deshalb dieses Geld weiter als Kredite.

- **Neue Möglichkeiten, Kredite zu vergeben:** Dabei schaffen die Banken zusätzliches Geld auf Girokonten, indem sie mehr an Krediten vergeben, als es den Einlagen bei ihnen entspricht. Dies können sie so lange tun, wie sie die Kunden zufriedenstellen können, die das Geld bar ausgezahlt bekommen möchten. Meist geschieht dies aber nicht, sondern Kreditnehmer überweisen auf andere Konten. Dies erzeugt neue Möglichkeiten der Kreditvergabe im Bankensystem.
- **Bargeld** wird im gesamten Bankensystem nur wenig gebraucht. Diese Mengen müssen die Banken aber auszahlen können. Ihr **Liquiditätsbedarf** schwankt erfahrungsgemäß u. a. jahreszeitlich und monatlich.

Die Kreditschöpfungsmöglichkeit im Bankensystem ist zunächst nur begrenzt durch den Bargeldabfluss.
Beispiel: Beträgt dieser 10 %, nähert sich die Geldschöpfungsmöglichkeit bei einer Einlage von 1 000 € dem Grenzwert von etwa 9 000 €.

5

Die **Geldschöpfung** sichert den Kreditbedarf und führt zur Vermehrung des Geldes in der Volkswirtschaft. Der Staat hat ein Interesse daran, die Liquidität der Banken und auch ihre Geldschöpfungsmöglichkeit zu kontrollieren, um auf der einen Seite den Geldbedarf der Wirtschaft zu decken und auf der anderen ein zu starkes Geldmengenwachstum und damit eine Geldentwertung zu verhindern. Deshalb sind Banken verpflichtet, Mindestreserven bei der Zentralbank zu halten. Ein bestimmter Prozentsatz der gesamten Einlagen der Bank muss dabei beim Eurosystem hinterlegt werden, wodurch die Geldschöpfungsmöglichkeit begrenzt wird. Die Höhe des Mindestreservesatzes festzulegen ist somit der wesentliche Teil des geldpolitischen Instrumentariums der EZB (↑ S. 116).

Preisstabilität

Von Preisstabilität wird gesprochen, wenn die Preise in der Volkswirtschaft durchschnittlich im Jahr ein annähernd gleiches Niveau halten. In der Regel gilt ein Preisanstieg bis zu 1 % als Preisstabilität.

Definition: Inflation

Anhaltende Geldentwertung, die durch den Anstieg des allgemeinen Preisniveaus zum Ausdruck kommt. Die prozentuale Erhöhung des Preisindex pro Jahr heißt Inflationsrate.

Arten von Inflation:

- **schleichende Inflation** mit Inflationsraten unter 2 %; dringt nicht ins Bewusstsein der Bürgerinnen und Bürger;
- **trabende Inflation** mit Inflationsraten zwischen 2 und 10 %;
- **galoppierende Inflation** mit Inflationsraten bis zu 50 %;
- **Hyperinflation** mit Inflationsraten über 50 %.

Messung des Preisniveaus

Die Messung des Preisniveaus geschieht auf der Basis eines Warenkorbs. Aus dem Vergleich der Preise mit einem Basisjahr wird der Preisindex für die Lebenshaltung der privaten Haushalte berechnet. Ebenso sind andere Preisindizes berechenbar, etwa der **Preisindex für die Industriepreise** etc. Unterschieden wird davon der **Verbraucherpreisindex**, der nur Waren beinhaltet, die im Einzelhandelsladen verkauft werden. Der in den Statistiken immer wieder angegebene Index bezieht sich auf einen Vierpersonenhaushalt. Zum Vergleich innerhalb der EU wird der harmonisierte Verbraucherpreisindex (HVPI) berechnet.

Inflationstheorien

Versuche der Erklärung von Inflationsursachen nach verschiedenen Theorien:

- **Nachfragesoginflation**: Die nominale Gesamtnachfrage nach Gütern übersteigt das Gesamtangebot. Die Unternehmen erhöhen dann die Preise, wenn kurzfristig keine Möglichkeit zur Kapazitätssteigerung besteht.
- **Kostendruckinflation**: Steigende Kosten der Unternehmen führen zu steigenden Preisen. Ein erhöhter Kostendruck kann z. B. durch Lohnerhöhungen entstehen, die die Gewerkschaften durchsetzen. Dann spricht man von einer Lohndruckinflation.
- **importierte Inflation**: Steigende Preise in der Weltwirtschaft bei starker Abhängigkeit eines Landes von den Weltmärkten führen zu steigenden Preisen im Inland. Zum Beispiel kann dies durch eine Steigerung der Rohstoffpreise (besonders Ölpreise) bewirkt werden.
- **Gewinndruckinflation**: Unternehmen setzen in größerer Anzahl höhere Preise auf den Märkten durch, um ihre Gewinne zu steigern. Dies kann auf oligopolitischen Märkten unter Ausnutzung von Marktmacht geschehen.

Lohn-Preis-Spirale

Der Mechanismus der Inflation besteht in den modernen Volkswirtschaften in einem Wechselspiel im Verteilungskampf zwischen Unternehmern und Arbeitnehmern. Steigende Preise führen dabei zu höheren Lohnforderungen der Arbeitnehmer. Werden diese durchgesetzt, erzeugt sich ein höherer Kostendruck für die Unternehmen, der wiederum zu steigenden Preisen führt, wenn diese höheren Preise am Markt realisierbar sind. In spiralförmiger Bewegung erzeugt und verstärkt sich so die Inflation, die vor allem zu Lasten der nicht am Verteilungskampf Beteiligten, z. B. der Rentner und Sparer geht.

Der Euro – Stabilitätspakt der EU

Der Euro – eine Einheitswährung

Der Euro (EUR, €) ist eine Einheitswährung, d. h., die ehemaligen nationalen Währungen wie DM, Franc oder Peseta sind aufgelöst und die nationalen Zentralbanken unterliegen den Weisungen der Europäischen Zentralbank (EZB).

Mit der Einführung des Euro werden folgende positive Effekte angestrebt:

- **Vermeidung von Wechselkursschwankungen** zwischen den Währungen innerhalb der Europäischen Union,
- Beitrag zur **Vollendung des Europäischen Binnenmarkts**, in dem das Kapital frei fließen soll,
- Förderung des **Wirtschaftswachstums**,
- Schaffung einer weltweit bedeutenden **Leitwährung**, die die wirtschaftliche Rolle Europas in der Welt stärken soll.

Definition: EZB und ESZB

Die 1998 gegründete Europäische Zentralbank (EZB) mit Sitz in Frankfurt am Main bildet zusammen mit den am Euro teilnehmenden 13 Zentralbanken das Eurosystem. Es ist Teil des Europäischen Systems der Zentralbanken (ESZB). In ihm sind neben den am Eurosystem beteiligten Zentralbanken außerdem die Zentralbanken aller anderen Mitgliedstaaten der Europäischen Union Mitglied.

Zentrales Entscheidungsorgan des ESZB ist der EZB-Rat. Dessen Entscheidungen werden vom Direktorium vorbereitet, das aus dem Präsidenten der EZB, dem Vizepräsidenten sowie vier Mitgliedern besteht. Im EZB-Rat sind außerdem die Zentralbankpräsidenten der beteiligten EU-Staaten vertreten.

Der Weg zum Euro

1969	Beschluss über die Errichtung einer Wirtschafts- und Währungsunion (WWU) auf der Den Haager Gipfelkonferenz der Staats- und Regierungschefs der Europäischen Gemeinschaften (EG, ↑ S. 40)
1970	„Werner-Plan" zur Schaffung einer Einheitswährung
1979	Errichtung des Europäischen Währungssystems (EWS) unter Beteiligung aller damaligen Mitgliedstaaten der EG (außer Großbritannien) und Schaffung der europäischen Währungseinheit ECU (European Currency Unit) als Maßstab zur Vereinheitlichung der nationalen Währungen
1989	Delors-Bericht über die Erfolge der Währungs-Vereinheitlichung. Beschluss über die Schaffung einer Einheitswährung und die stufenweise Errichtung der WWU
1990	1. Stufe: „Konvergenzprogramme" zur Annäherung und Verbesserung der wirtschaftlichen Leistungen der Mitgliedstaaten. Zusammenarbeit der Zentralbanken, freierer Kapitalverkehr
1992	Vertrag von Maastricht: Beschluss über einheitliche Währung. Festlegung der Konvergenzkriterien (↑ S. 114)
1994	2. Stufe: Gründung des Europäischen Währungsinstituts in Frankfurt am Main als Vorläufer der Europäischen Zentralbank (EZB ↑ S. 112)
1998	Feststellung der Erfüllung der Konvergenzkriterien durch 11 (später 12) Staaten: Belgien, Deutschland, Finnland, Frankreich, Irland, Italien, Luxemburg, Niederlande, Österreich, Portugal und Spanien, später Griechenland. Errichtung der Europäischen Zentralbank
1999	3. Stufe: Wechselkurse der beteiligten Mitgliedstaaten wurden unwiderruflich festgelegt. Verwendung des Euro im unbaren Zahlungsverkehr
2002	Einführung des Euro-Bargelds und Übernahme der Verantwortung durch die EZB

5

Definition: Konvergenzkriterien

Die Konvergenzkriterien waren spezifische Anforderungen, die die Länder zu erfüllen hatten, die sich an der Schaffung einer gemeinsamen europäischen Währung beteiligen wollten.

Die Konvergenzkriterien gelten auch für die 2004 beigetretenen Länder, damit sie sich am Euro künftig beteiligen können:

- **Inflationsrate:** Gemessen in der Veränderung der Verbraucherpreise darf sie den Durchschnitt der drei preisstabilsten Länder des Euroraums um nicht mehr als 1,5 Prozentpunktpunkte übersteigen.
- **langfristiger Zinssatz:** darf den Durchschnitt der langfristigen Zinssätze der drei preisstabilsten Länder des Euroraums um nicht mehr als 2 Prozentpunkte übertreffen.
- **Haushaltsdefizit:** darf nicht über 3 % des BIP liegen.
- **Staatsschuldenstand:** muss unter 60 % des BIP bleiben.
- **Wechselkursstabilität:** muss über einem Zeitraum von mindestens zwei Jahren erreicht sein, d. h., die Teilnahme am Europäischen Währungssystem muss spannungsfrei gewesen sein. Vielfach wird dafür eine Schwankungsbreite der nationalen Währung von +/– 15 % in Bezug auf den Euro zugrunde gelegt.

Der **Stabilitäts- und Wachstumspakt** von 1997 bildet das Rückgrat der gemeinsamen Währung. In ihm haben sich die EU-Länder verpflichtet, das Konvergenzkriterium der Haushaltsstabilität weiterhin einzuhalten. Geschieht dies nicht, so soll es möglich sein, dass das entsprechende Land zunächst eine unverzinsliche Einlage halten muss, die später in eine Geldbuße umgewandelt werden kann. Die Voraussetzung solcher Sanktionen wurden im März 2005 bei einem Treffen der Finanzminister der EU stark gelockert.

Die Europäische Zentralbank als Hüterin des Euro

Die Europäische Zentralbank ist ein wichtiger Teil des Europäischen Systems der Zentralbanken (ESZB). Die Gewährleistung der Preisstabilität ist seine vorrangige Aufgabe. Darüber hinaus soll es die Wirtschaftspolitik der Europäischen Union unterstützen. Die EZB ist für die Stabilität des Euro verantwortlich. Sie ist autonom und damit von politischen Weisungen unabhängig.

Weder die EZB noch eine nationale Zentralbank noch ein Mitglied ihrer Organe darf Weisungen von Einrichtungen der EU, Regierungen der Mitgliedstaaten oder anderen Stellen entgegennehmen. Die entsprechenden Stellen verpflichten sich, dies zu beachten und die Mitglieder der Beschlussorgane der EZB nicht zu beeinflussen (Artikel 108 des EG-Vertrags).

Geldmenge als Maßstab

Neben dem Preisindex (↑ S. 110) dient das Wachstum der **Geldmenge** als Stabilitätsindikator. Die EZB geht dabei von der **Geldmenge M 3** aus:

M 1	M2	M3
Bargeldumlauf täglich fällige Einlagen	+ Einlagen mit Laufzeiten bis zu 2 Jahren + Einlagen mit Kündigungsfrist bis 3 Monate	+ Repro- (Pensions)-geschäfte (↑ S. 118) + Geldmarktfondanteile und Geldmarktpapiere + Schuldverschreibungen bis zu 2 Jahren

Geldpolitik der EZB

Definition: Geldpolitik

Geldpolitik sind alle Maßnahmen der Zentralbank, mit denen sie den Geldumlauf und die Kreditversorgung der Wirtschaft steuert.

Um die **Geldmenge zu regulieren,** hält die EZB die Geschäftsbanken in Abhängigkeit. Dazu muss sie auf die Kreditvergabe der Geschäftsbanken Einfluss nehmen, indem sie geldpolitische Instrumente einsetzt.
Forderungen, nach denen das gesamte Instrumentarium der EZB gestaltet wurde, sind:

- Effizienz (Wirksamkeit mit geringem Mitteleinsatz),
- Transparenz (Durchschaubarkeit für die Banken),
- Wirtschaftlichkeit,
- Marktverträglichkeit (Verwerfungen sollen vermieden werden),
- Dezentralität (in Bezug auf die Umsetzung durch die nationalen Zentralbanken),
- Kontinuität (die Maßnahmen sollen einer Linie folgen),
- Harmonisierung (die verschiedenen Geldpolitiken der ehemaligen Zentralbanken werden vereinheitlicht).

Instrumente der Zentralbank

Die EZB als Zentralbank verfügt über Instrumente, um die Geldmenge einzudämmen bzw. zu stimulieren.

Die Wirkung der Instrumente der Zentralbank wird nach der Beeinflussung der Geldmenge eingeschätzt. Man spricht von **kontraktiver** und **expansiver Wirkung** des Instruments bzw. von **Liquiditätsabschöpfung** und **Liquiditätszuführung**. Der EZB stehen drei Instrumente zur Verfügung, die zum Teil nach dem Tenderverfahren (↑ S.118) durchgeführt werden.

Ständige Fazilitäten

Geschäftsbanken können sich ständig bei der Zentralbank Liquidität beschaffen durch Kredite gegen Sicherheiten. Dabei können entweder Wertpapiere „in Pension genommen" oder als Pfand beliehen werden. Der Zinssatz für diese Darlehen bewegt sich in einem Zinskorridor zwischen dem Zinssatz für die Spitzenrefinanzierungsfazilität und dem für die Einlagenfazilität („Leitzinsen"). Die Schwankungsbreite beträgt derzeit 2 Prozentpunkte. Zu diesen Bedingungen können Kreditinstitute jederzeit und in beliebiger Höhe Liquidität beschaffen, wenn sie über die nötigen Sicherheiten verfügen.

Offenmarktgeschäfte

Offenmarktgeschäfte sind Geschäfte der Zentralbank am Geld- und Kapitalmarkt sowie der Börse, d. h. auf einem für jedermann zugänglichen (offenen) Markt. Dabei gibt die EZB Zentralbankgeld in die Wirtschaft, indem sie kauft, sie entzieht der Wirtschaft Zentralbankgeld, indem sie verkauft.
Vier Typen von Offenmarktgeschäften werden unterschieden:

- **Hauptrefinanzierungsgeschäfte**: Von der Zentralbank werden Darlehen gegen Hinterlegung von Wertpapieren bzw. Pfändern mit einer Laufzeit von zwei Wochen gewährt.
- **längerfristige Refinanzierungsgeschäfte** haben eine Laufzeit von 3 Monaten und werden monatlich angeboten. Bei den Haupt- wie den längerfristigen Refinanzierungsgeschäften wird dem Bankensektor Liquidität zugeführt.
- **Feinsteuerungsoperationen**: Die EZB bringt Liquidität in den Bankensektor oder entzieht sie ihm, indem sie innerhalb einer Stunde Käufe und Verkäufe von Wertpapieren oder Devisenswapgeschäfte abwickelt (Kauf von Devisen mit gleichzeitiger Rückkaufvereinbarung).
- **strukturelle Operationen**: Wertpapiere werden durch die Zentralbank gekauft oder verkauft.

Mindestreserve

Die Geschäftsbanken müssen Mindestreserven in Höhe eines festgelegten Prozentsatzes ihrer Einlagen bei der Zentralbank halten (↑ S. 109). Die Erhöhung oder Senkung des Mindestreservesatzes ist das eigentliche geldpolitische Instrument.

Definition: Tenderverfahren

Beim **Mengentender** wird Liquidität mit festem Zinssatz angeboten. Die Darlehen werden anteilig nach Gebot zugeteilt.
Beim **Zinstender** wird Liquidität mit variablem Zinssatz angeboten. Die Zuteilung erfolgt nach den Höchstgeboten.

Bonität von Geschäftspartnern der EZB

Das Eurosystem wickelt diese Geschäfte nur mit geprüften und zugelassenen Geschäftspartnern ab. Das sind grundsätzlich alle der Mindestreservepflicht unterliegenden Finanzinstitute.

Sicherheiten, die vom Eurosystem akzeptiert werden		
Kriterien	**Kategorie 1**	**Kategorie 2**
Art der Sicherheit	– EZB Schuldverschreibungen – andere marktfähige Schuldtitel	– marktfähige Schuldtitel – nicht marktfähige Schuldtitel – an einem geregelten Markt gehandelte Aktien
Verfahren	Hinterlegung bei einer nationalen Zentralbank	leichte Zugänglichkeit für eine nationale Zentralbank
Bonitätsforderungen	Emittent muss von der EZB als bonitätsmäßig einwandfrei eingestuft sein	Emittent muss von nationaler Zentralbank als bonitätsmäßig einwandfrei eingestuft sein

Geldpolitische Instrumente des Eurosystems nach Wirkung

Die Instrumente der EZB wirken in verschiedener Richtung und mit verschiedener Stärke. Deshalb sind einige Instrumente eher zur groben Steuerung der Geldmenge, manche andere auch zur kurzfristigen Feinsteuerung geeignet.

Geldpolitisches Instrument		Laufzeit	expansive Wirkung (Geldmengen-erweiterung)	kontraktive Wirkung (Geldmengen-beschränkung)
Mindestreservepflicht		beständig		beständig
Offen-marktge-schäfte	Haupt-refinan-zierungs-geschäfte	2 Wochen	befristet	
	Länger-fristige Refinan-zierungs-geschäfte	3 Monate	befristet	
	Feinsteue-rungsope-rationen	nicht standar-disiert	befristete Transaktionen Devisenswaps, Käufe	Devisenswaps/ befristete Transaktionen, Verkäufe
	Struktu-relle Ope-rationen		befristete Transaktionen/ Käufe	Emission von Schuldver-schreibungen/ Verkäufe
Ständige Fazili-täten	Spitzen-refinanzie-rungs-fazilität	über Nacht	befristete Transaktionen	
	Einlagen-fazilität	über Nacht		Einlagen-annahme

5.8 Export/Import und Außenhandelspolitik

Deutschland ist eine der größten Exportnationen der Welt. Dem hohen Export von Waren und Dienstleistungen steht ein hoher Import gegenüber. Außerdem werden Geld und Kapital transferiert.

In der **Zahlungsbilanz** werden die komplizierten Beziehungen zusammengefasst:

- Die **Handelsbilanz** umfasst alle Transaktionen von Waren mit anderen Staaten (Export und Import);
- die **Dienstleistungsbilanz** bezieht sich auf die Dienstleistungen, die im Ausland erbracht bzw. im Ausland für das Inland eingekauft werden (z. B. Transportleistungen);
- die **Leistungsbilanz** fasst Handelsbilanz und Dienstleistungsbilanz zusammen;
- die **Kapitalbilanz** erfasst alle Kapitalbewegungen mit dem Ausland (z. B. Direktinvestitionen, Wertpapieranlagen, Kreditverkehr);
- die **Übertragungen** bezeichnen u. a. die Heimatüberweisungen ausländischer Arbeitnehmer.

Nach der **klassischen Außenwirtschaftstheorie** spezialisieren sich die Staaten auf die Produktion derjenigen Güter, die sie am preiswertesten herstellen können; es profitieren alle davon wegen des absoluten Kostenvorteils (Adam Smith). Nach der **Theorie der komparativen Kostenvorteile** (David Ricardo) kann es für ein Land jedoch auch vorteilhaft sein, Güter zu produzieren, in deren Herstellung es anderen Ländern unterlegen ist, wenn es für ein solches Gut über ein günstigeres Kostenverhältnis zu anderen Gütern verfügt als das Ausland (komparativer Kostenvorteil).

Die **neue Außenhandelstheorie** räumt der technologischen Entwicklung einen großen Einfluss ein. Dadurch entstehen Wettbewerbsvorteile zu Lasten anderer Länder.

Devisenhandel

An den Devisenbörsen werden ausländische Währungen gehandelt. Es bildet sich ein Devisenkurs (Wechselkurs). Der Devisenhandel kann auch gezielt zur Stützung von Währungen beeinflusst werden (Währungspolitik). In Folge der Ausweitung internationaler Kapitalströme führt er mehr und mehr zum Ausgleich der Kapitalrenditen.

Außenhandelspolitik

Sie umfasst alle Maßnahmen, die sich auf den Warenverkehr mit dem Ausland beziehen. Sie dienen dazu, das außenwirtschaftliche Gleichgewicht (↑ S. 92) zu erreichen und einen lebhaften Handel mit anderen Ländern zu ermöglichen.

Klassische Instrumente zur Abschottung der eigenen Wirtschaft	
Preiseingriffe	Abschöpfungen Zölle Subventionen Verbrauchsteuern
Mengeneingriffe	Exportverbote Importverbote Kontingente Öffentliche Aufträge Selbstbeschränkungsabkommen
nichttarifäre Handelshemmnisse	Devisenbestimmungen technische Normen Verwaltungsverfahren

Durch das **GATT** (General Agreement on Tariffs and Trade), das 1996 von der **WTO** (World Trade Organization) abgelöst wurde, streben die beteiligten Industrieländer nach einem Abbau all dieser Beschränkungen des Welthandels.

Indikatoren

Indikatoren (wörtlich: Anzeiger) sind empirisch messbare Hilfsgrößen, die nicht direkt messbare Phänomene, Zusammenhänge oder Faktoren anzeigen, welche von Theorien postuliert werden.

Man kann die Kundenzufriedenheit in einem Betrieb nicht direkt ablesen.

Bedingungen, die Indikatoren im Bereich der Wirtschafts- und Sozialwissenschaften erfüllen müssen:

- Sie müssen einen **Sachverhalt repräsentieren** bzw. einen Hinweis (Indiz) für einen Zusammenhang darstellen.
- Sie müssen **handhabbar** sein.
- Sie müssen einen **Sachverhalt messbar** machen.

Einkommen ist ein Indiz für Wohlstand.

Qualität des Indikators

Je stärker der Zusammenhang von Anzeiger und Angezeigtem, desto besser ist der Anzeiger bzw. der Indikator. Häufig genügt ein einzelner Indikator nicht zur Erfassung des zu untersuchenden Gegenstands, dann müssen weitere herangezogen werden.

Der Indikator Einkommen kann mit dem Indikator Vermögen ergänzt werden, um „Wohlstand“ zu erfassen.

Operationalisierung

Operationalisieren ist das präzise Angeben von Forschungsoperationen, die das Erfassen eines Gegenstands oder Sachverhalts ermöglichen. Er muss nicht nur in objektiv nachvollziehbare Begrifflichkeiten gefasst, sondern zusätzlich auch praktisch erhoben werden können. Eine Operationalisierung ist die Voraussetzung für das Anwenden von Indikatoren.

Volkswirtschaftliche Gesamtrechnung (VGR)

In der VGR werden viele Indikatoren für das Wirtschaftsleben zusammengefasst.

Konten in der VGR

In Deutschland werden die volkswirtschaftlichen Gesamtrechnungen vom Statistischen Bundesamt aufgestellt. Es stellt die Ergebnisse in Form eines **geschlossenen Kontensystems** dar, in dem alle aufgenommenen Vorgänge doppelt verbucht werden. Zur überschaubareren Gestaltung des Gesamtbildes werden die einzelnen Wirtschaftseinheiten hierbei in die **drei Sektoren** Unternehmen, Staat und private Haushalte einschließlich privater Non-Profit-Organisationen zusammengefasst.

Die vier **Grundkonten** der VGR:

- das **konsolidierte Produktionskonto** (Produktion von Waren und Dienstleistungen),
- das **konsolidierte Einkommenskonto** (Einkommensentstehung, Einkommensverteilung, Einkommensumverteilung, Einkommensverwendung),
- das **konsolidierte Vermögens- und Finanzierungskonto** (Veränderung bei Forderungen und Verbindlichkeiten),
- das **Auslandskonto in laufender Rechnung** (Gegenüberstellung von Exporten und Importen sowie von Transfers an das und vom Ausland).

5

Erweiterung der VGR

In Deutschland wurde ergänzend zur VGR eine **umweltökonomische Gesamtrechnung (UGR)** entwickelt, die die Beziehung zwischen wirtschaftlichen Aktivitäten und dem Zustand der Umwelt dokumentiert. Das **Europäische System volkswirtschaftlicher Gesamtrechnungen (ESVG)** bezieht sich auf den europäischen Rahmen.

Messung des Wohlstands durch BIP und BSP

Häufig genutzte Indikatoren zur Messung der Leistungsfähigkeit einer Volkswirtschaft sind Bruttoinlandsprodukt, Bruttosozialprodukt (↑ S. 98) und Volkseinkommen. Diese Indikatoren stehen in folgender Beziehung:

Produktionswert (Gesamtwert aller Verkäufe)
– Vorleistungen (Käufe bei anderen Unternehmen)

= **Bruttowertschöpfung**
– Bereinigung von Bankdienstleistungen
+ nicht abziehbare Umsatzsteuer
+ Einfuhrabgaben

= **Bruttoinlandsprodukt (BIP)**
+ Saldo der Erwerbseinkommen aus dem Ausland

= Bruttosozialprodukt (BSP)
– Abschreibungen

= **Nettosozialprodukt**

– indirekte Steuern (mittelbare Steuern wie Mehrwertsteuer)
+ Subventionen (Hilfen vom Staat ohne Gegenleistung)

= **Volkseinkommen** (Nettosozialprodukt zu Faktorkosten)
– nicht ausgeschüttete Gewinne
– Körperschaftssteuer (Ertragssteuer für Gesellschaften)
– Sozialversicherungsbeiträge der Arbeitgeber
+ Transfers (Übertragungen)

= **Einkommen der Haushalte**
– direkte Steuern (unmittelbar Steuern wie die Lohnsteuer)
– Sozialversicherungsbeiträge der Arbeitnehmer

= **verfügbares Einkommen**

Das **Bruttosozialprodukt** gibt den Wert des Produktionsergebnisses aller Bewohner eines Landes an. Das **Bruttoinlandsprodukt** gibt die Wertsumme aller im Inland erzeugten Waren und Dienstleistungen an. (↑ S. 98)

Messung des Wohlstands durch andere Indikatoren

Das Sozialprodukt wird als Wohlstandsindikator kritisiert, u. a. weil es ganze Bereiche der Wirtschaft nicht einbezieht.

Das Fehlen aller Leistungen, die im privaten Haushalt erbracht werden, aller ehrenamtlichen Tätigkeiten, der gesamten Schattenwirtschaft (Schwarzarbeit).

Human Development Index (HDI)

Die Kritik hat zur Entwicklung alternativer Indikatoren geführt, u. a. zum Human Development Index (HDI) der Vereinten Nationen.
Die drei sozialen **Einzelindikatoren** des HDI:

- **Lebensdauer** (gemessen an der durchschnittlichen Lebenserwartung bei der Geburt),
- **Bildungsgrad** (ermittelt anhand einer gewichteten Kombination aus Alphabetisierung von Erwachsenen sowie der Gesamteinschulungsquote),
- **Lebensstandard** (gemessen am realen BIP pro Kopf und ausgedrückt in einer vom US-$ abgeleiteten Wertgröße).

Der HDI ist ein **Indexwert**, definiert als der gewogene Durchschnitt der separat errechneten Einzelindikatoren eines jeden Landes für die Lebenserwartung, den Bildungsstand und das bereinigte reale BIP pro Kopf in US-$. Deutschland hatte 2001 den 13. Rang beim BIP pro Kopf und nach HDI den 19. in der Welt.

Zielbereiche von Wohlstandsindikatoren

Die OECD hat Hauptzielbereiche festgelegt, auf die sich mögliche Wohlstandsindikatoren beziehen sollen:

- Ausbildung
- Arbeit und Qualität des Arbeitslebens
- Gesundheit
- Sicherheit
- physische Umwelt
- Freizeit
- Kaufkraft
- soziale Beteiligungschancen

6 Sozialstaat Deutschland

Wichtige Grundbegriffe

Sozialstaat

Im GG (↑ S. 13) ist die Verpflichtung der Bundesrepublik Deutschland als **Sozialstaat** verankert, derzufolge sie Gleichheit, Gerechtigkeit und **soziale Sicherheit** anstrebt.

Sozialstruktur und Sozialpolitik

Mit **Sozialstruktur** wird der Aufbau einer Gesellschaft bezeichnet. Reichtum, Status und Macht sind innerhalb eines sozialen Gefüges ungleich verteilt.
Mit Maßnahmen der **Sozialpolitik** setzen sich unterschiedliche Träger dafür ein, die Arbeits- und Lebensbedingungen der Mitglieder einer Gesellschaft allgemein zu verbessern und insbesondere **soziale Sicherheit** herzustellen. Letztere deckt nach Definition der UN neun Risiken ab.

Träger: Staat, Körperschaften, Gewerkschaften, Arbeitgeberverbände

Risiken: u. a. medizinische Versorgung, Verdienstausfall bei Krankheit

Demografie

Die **Demografie** untersucht u. a. Größe, Zusammensetzung, räumliche Verteilung und Entwicklung der Bevölkerung.

z. B. nach Geschlecht, Alter, Nationalität

6.1 Soziale Gerechtigkeit

Begriff der sozialen Gerechtigkeit

Soziale Gerechtigkeit wird unterschiedlich interpretiert. Sie umfasst eine ganze Spannbreite von Gerechtigkeitsvorstellungen. Die Herstellung sozialer Gerechtigkeit spielte bei den Begründern der sozialen Marktwirtschaft (↑S. 79) eine wichtige Rolle in der Argumentation für die Herstellung marktwirtschaftlicher Verhältnisse und gleichzeitig ihre Ergänzung um sozialstaatliche Korrekturen.

Unterschiedliche Gerechtigkeitsvorstellungen:

- **Verteilungsgerechtigkeit:** Gerechtigkeit bemisst sich nach den gesamtwirtschaftlichen Verteilungsergebnissen. Letztlich ist dabei der mögliche Maßstab immer die Gleichverteilung.
- **Verfahrensgerechtigkeit:** Ob ein Zustand oder eine Maßnahme als sozial gerecht einzustufen sind, bemisst sich danach, ob es die dem Verfahren zugrunde liegenden Regeln sind.
- **Leistungsgerechtigkeit:** Leistungsgerechtigkeit stellt darauf ab, ob Leistung und Gegenleistung, ob Arbeit und Lohn, ob Beitrag und Versicherungsleistung, ob Anwartschaft und Leistungshöhe in einem entsprechenden Verhältnis stehen. Als Schwachpunkt der Leistungsgerechtigkeit wird der Mangel an sozialen Aspekten und damit ein Mangel an Gerechtigkeit gegenüber Leistungsschwachen hervorgehoben.
- **Beteiligungsgerechtigkeit:** Es kommt auch auf Chancengleichheit und das Recht jedes Einzelnen an, am gesellschaftlichen Fortschritt teilzuhaben. Dies setzt voraus, dass alle diejenigen, die von bestimmten Entscheidungen betroffen sind, an diesen Entscheidungen beteiligt werden und auf sie Einfluss nehmen können.

Theorien sozialer Gerechtigkeit

Der Philosoph John Rawls (1921–2002) geht von der Frage aus, welches System der sozialen Sicherung Menschen wohl wählen würden, wenn sie rational und eigennützig denken würden, sich aber über die Folgen für sie selbst im Unklaren wären, weil sie ihre Begabungen und ihren sozialen Status nicht wüssten.

Rawls kommt zu der Auffassung, die Menschen würden ein System der **„Gerechtigkeit als Fairness"** wählen, nach dem für die Schwächsten in der Gesellschaft gesorgt werden muss. Dies würden die Menschen dann tun, wenn sie nicht wüssten, ob sie am Ende selbst der Gruppe der Schwächsten angehören würden oder nicht. Rawls geht damit von einer normativen Gerechtigkeitsvorstellung aus. Ungleichheiten in der Verteilung der Güter (Geld, Macht, Bildungschancen) sind nach dem Differenzprinzip nur gerechtfertigt, wenn sie dazu dienen, die Lage der in der Gesellschaft am meisten Benachteiligten zu verbessern. Dem **Differenzprinzip** stellt Rawls zwei weitere Prinzipien zur Seite: das **Prinzip gleicher maximaler** Freiheiten und das **Prinzip der Chancengleichheit**. Rawls zufolge sind alle menschlichen Attribute das Produkt von Zufall und taugen deshalb nicht als gerechte Belohnungen.

Hier setzt **Kritik** an Rawls an: Denn umgekehrt können natürlichen Anlagen gegenüber keine Einschränkungen toleriert werden. Angeborene Eigenschaften ebenso wie Besitz in einer freien Gesellschaft müssten Belohnungsberechtigungen verleihen können, die von staatlichen Instanzen nicht angetastet werden dürften. Für Friedrich August von Hayek (1899–1992) z. B. ist die Idee sozialer Gerechtigkeit inhaltsleer, weil die Gesellschaft kein verantwortlich handelnder Akteur ist, der gerechte oder ungerechte Verteilungen vornehmen kann. In modernen Gesellschaften solle die Zuteilung von Gütern allein nach Marktgesetzmäßigkeiten erfolgen, deren Effizienz am Ende auch den Armen nützt.

6.2 Sozialstaatsprinzipien und Umverteilung

Intention der Sozialpolitik

Sozialpolitik zielt darauf ab, benachteiligten Gruppen in der Gesellschaft ein menschenwürdiges Leben zu ermöglichen.

Ausgangspunkt staatlicher Sozialpolitik war die soziale Frage des 19. Jahrhunderts, die die Gesellschaft durch die wirtschaftliche Entwicklung in Arm und Reich spaltete. In Deutschland wird die **Sozialgesetzgebung Bismarcks** (1815–1898) als Anfang der Sozialpolitik gesehen. Der Sozialstaat geht auf die soziale Verpflichtung des Staates im Grundgesetz zurück.

Nach diesem **Sozialstaatsgebot** soll der Staat nach den Urteilen des Bundesverfassungsgerichts

- für einen Ausgleich der sozialen Gegensätze sorgen,
- für eine gerechte Sozialordnung sorgen,
- die Existenzgrundlagen der Bürger sichern und fördern.

Die soziale Verpflichtung des Staates wird durch weitere **Verfassungsgrundsätze** begründet, besonders durch:

- Art. 1 Abs. 1 GG, der die Unantastbarkeit der **Würde des Menschen** betont und aus dem sich die Verpflichtung des Staates ableitet, jedem Bürger das Existenzminimum zu sichern;
- Art. 3 GG, der mit seinen Gleichheitssätzen den Staat verpflichtet, **Ungleichbehandlungen abzubauen** oder zu vermeiden;
- Art. 6 GG, der in Abs. 1 **Ehe und Familie** unter den besonderen Schutz der staatlichen Ordnung stellt und in Abs. 5 nichteheliche Kinder den ehelichen gleichstellt (↑ S. 8 f.).

Sozialpolitik kann als ergänzender Bestandteil der sozialen Marktwirtschaft verstanden werden:

- **soziale Absicherung gegen Risiken des Lebens** für die Erwerbstätigen und ihre Angehörigen (u.a. gegen Unfall, Krankheit, Erwerbsunfähigkeit, Arbeitslosigkeit, Alter), die sie nicht allein bewältigen können (soziale Sicherung);
- **Herstellung von Gleichberechtigung und Chancengleichheit**, z.B. in der Bildung und am Arbeitsmarkt (Bildungs- und Arbeitsmarktpolitik);
- **Schutz der Arbeitnehmer und der Verbraucher** vor unfairen Bedingungen und gesundheitlichen Risiken (Arbeitsschutz und Verbraucherpolitik);
- **Abbau von Einkommensunterschieden**, die gesellschaftlich nicht akzeptiert sind (Umverteilungspolitik).

Staatliche Eingriffe in Wirtschaft und Gesellschaft:

- kostenlose oder subventionierte **Bereitstellung von Einrichtungen der Bildung** (u.a. Kindergärten, Schulen, Universitäten);

Umfang des Sozialbudgets

Das Sozialbudget der Gesellschaft umfasst alle Ausgaben für Sozialpolitik bzw. die soziale Sicherung.

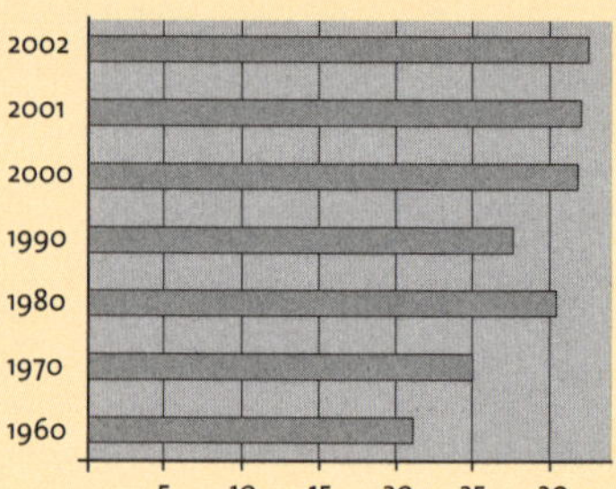

Sozialbudget in Deutschland

Quelle: Bundesministerium für Gesundheit und soziale Sicherung

- **Transferzahlungen** (Sozialhilfe, Wohngeld, Arbeitslosengeld II, Kindergeld, Erziehungsgeld, BAföG);
- **Vorschriften** zur sozialen Absicherung (Versicherungszwang der gesetzlichen Sozialversicherung, Mutterschutz, Arbeitsschutz, Mitbestimmung im Betrieb).

Die Tätigkeit als Sozialstaat hat den Staat in den vergangenen Jahrzehnten in der Bundesrepublik Deutschland immer stärker beschäftigt und ihn zu einer gewaltigen Umverteilungsmaschine gemacht. So stieg der Anteil der Ausgaben der öffentlichen Haushalte für sozialstaatliche Leistungen an den Gesamtausgaben von 1950–2001 von 28 % auf 54 %. Der Anteil der Sozialleistungen am Bruttoinlandsprodukt (die **Sozialleistungsquote**) entwickelte sich von 23 % im Jahre 1965 auf 32 % im Jahr 2001.

Sozialleistungsquoten 2002

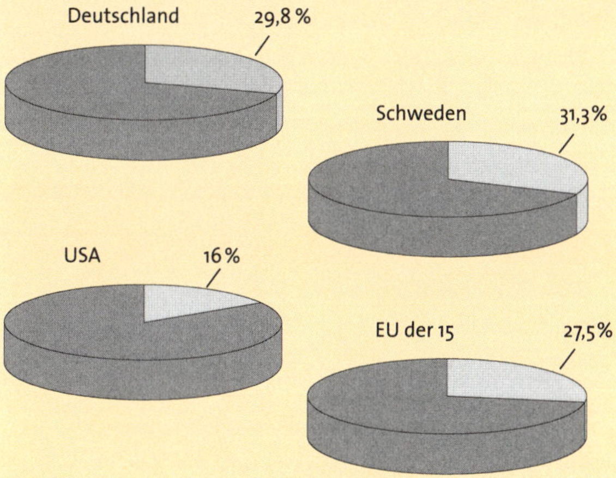

(soziale Sicherungsleistungen im Verhältnis zum Bruttoinlandsprodukt in %; Quelle: eurostat)

6.3 Soziales Netz

In Deutschland wird die soziale Sicherung durch ein Netz von Leistungen gewährleistet, das „soziale Netz".

Die Institutionen der sozialen Sicherung handeln nach dem
- **Versicherungsprinzip** (z. B. Rentenversicherung, Arbeitslosenversicherung),
- **Versorgungsprinzip** (z. B. Besoldung und Versorgung der Angehörigen des öffentlichen Dienstes),
- **Fürsorgeprinzip** (z. B. Sozialhilfe, Jugendhilfe).

Die **direkten Leistungen** sind:
- allgemeines System mit Renten-, Kranken-, Unfall- und Arbeitslosenversicherung, Kindergeld usw.,
- Sondersysteme (u. a. Altersversorgung für Landwirte, besondere Versorgungszwecke),
- beamtenrechtliches System (Beihilfen, Pensionen),
- Arbeitgeberleistungen (einschließlich Lohnfortzahlung im Krankheitsfall, Betriebsrenten usw.),
- Entschädigungen (u. a. mit dem Lastenausgleich, der Wiedergutmachung für Kriegsopfer),
- soziale Hilfen und Dienste (u. a. Sozialhilfe, Ausbildungsförderung, Wohngeld, Vermögensbildung).

Die **indirekten Leistungen** sind
- Steuervorteile,
- Subventionen usw.

Die **Absicherung von Lebensrisiken** erfolgt durch:
- staatlich organisierte Risikovorsorge (gesetzliche Sozialversicherung und Transferleistungen),
- private Risikovorsorge (Ersparnisse, zusätzliche private Rentenversicherung usw.).

Soziales Netz

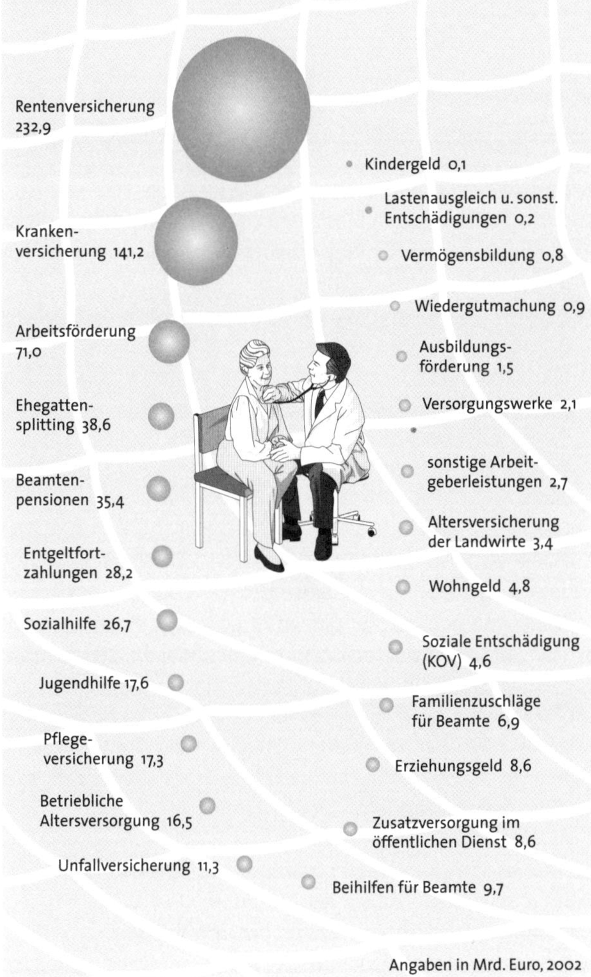

Rentenversicherung und demografische Entwicklung

Die gesetzliche Rentenversicherung (GRV) hat den größten Anteil am Gesamtvolumen der sozialen Sicherungsleistungen.

Möglichkeiten für die Absicherung im Alter

- Arbeiter und Angestellte zahlen während ihrer Arbeitsphase in die gesetzliche Rentenversicherung ein und erhalten aus deren Leistungen ihre Altersrente.
- Arbeiter und Angestellte erhalten vielfach eine betriebliche Altersversorgung als Zusatzversorgung.
- Die private Altersversorgung wird immer wichtiger. Für Freiberufler, die sich nicht freiwillig in der GRV versichern, kann sie die einzige Altersversorgung sein.
- Beamte erhalten Versorgungsleistungen aus der Staatskasse, deren Höhe sich nach ihren Dienstzeiten richtet.

Für alle Arbeiter und Angestellten besteht **Versicherungspflicht** in der GRV. Die Finanzierung der Renten erfolgt im Umlageverfahren, d.h. die derzeit zu zahlenden Renten werden aus den derzeitigen Beiträgen zur Rentenversicherung bezahlt. Dieser „**Generationenvertrag**“ hat in der Vergangenheit gut funktioniert, solange nämlich relativ viele Arbeitnehmer auf relativ wenige Rentner kamen. Damals warf die Gesetzliche Rentenversicherung regelmäßig Überschüsse ab, die der Staat zur Finanzierung anderer Leistungen nutzte.
Zusatzzahlungen des Staates sind seit Längerem notwendig, um die jetzigen Renten zu finanzieren; dies ist bedingt durch:

- ein tendenzielles Sinken der Lebensarbeitszeit,
- ein höheres Durchschnittsalter der Bevölkerung,
- ein ungünstigeres Verhältnis der Zahl der Beitragszahler zur Zahl der Rentner.

Die **Zukunft der sozialen Sicherungssysteme** insgesamt hängt maßgeblich von der demografischen und ökonomischen Entwicklung ab. Vor allem die zunehmende Alterung wirft Probleme bei der Finanzierung der umlagefinanzierten sozialen Sicherungssysteme auf: Immer weniger Jüngere müssen die Leistungen für immer mehr Ältere aufbringen. Dies gilt in besonderem Maße für die Rentenversicherung. Einer geringen Geburtenrate steht eine hohe Lebenserwartung gegenüber. Dadurch verschiebt sich die Altersstruktur der Bevölkerung zugunsten des älteren Bevölkerungsteils. Diese Entwicklung ist heute bereits absehbar, denn die Beitragszahler von morgen sind bereits geboren, und die Rentner von morgen sind heute im erwerbsfähigen Alter.

Bevölkerungsentwicklung in Deutschland

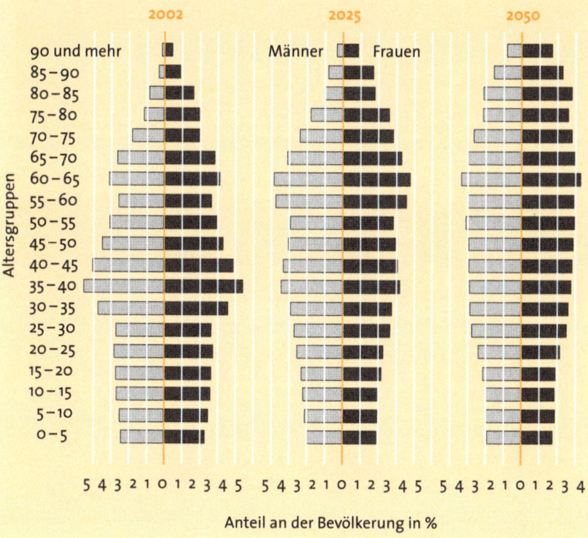

Finanzierung der gesetzlichen Rentenversicherung: Sie wird zum größten Teil durch die Pflichtversicherung der Arbeiter und Angestellten getragen. Diese zahlen mit ihren Arbeitgebern zu gleichen Teilen einen Anteil des Bruttolohns in die Rentenversicherungskasse ein. Die gesamte Höhe dieses Beitrags ist der Rentenversicherungsbeitrag.

Entwicklung des Rentenversicherungsbeitrags

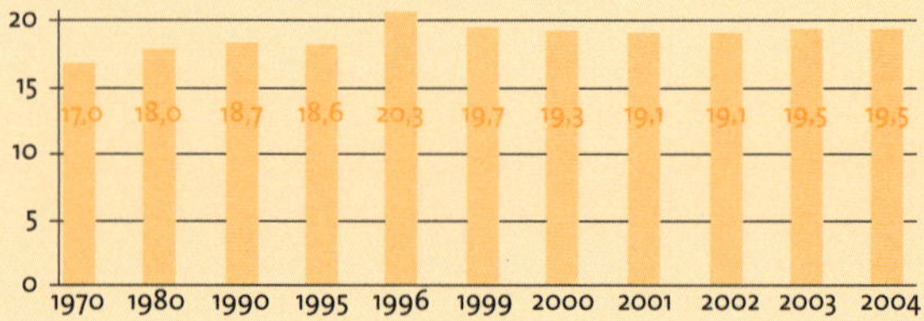

Angaben in % (Quelle: Bundesministerium für Wirtschaft und Arbeit)

Erhöhungen der Beiträge sind besonders auch auf geringere Einzahlungen wegen hoher Arbeitslosigkeit zurückzuführen. An der Höhe des Rentenversicherungsbeitrags werden die Belastung der Arbeitnehmerschaft durch Lohnabzug wie auch die Belastung der Arbeitgeber durch Lohnzusatzkosten kritisiert.

Rentenformel

PEP × ZF × RAF × AR = Monatsrente

PEP: persönliche Entgeltpunkte; anteilige Berechnung der Arbeitsengelte der Versicherungsjahre

ZF: Zugangsfaktor; 1,0 bei Eintritt mit 65, entsprechend weniger bei früherem Beginn

RAF: Rentenartfaktor; Ausgleich unterschiedlicher Zeiten des Rentenbezugs wegen Altersteilzeit usw.

AR: aktueller Rentenwert; errechnet aus der Rentenkasse, beinhaltet den demografischen Faktor

Die Probleme der Rentenversicherung sind grundsätzlicher Art. Wegen der stattfindenden Entwicklungen würde der Beitrag in die gesetzliche Rentenversicherung etwa verdoppelt werden müssen, wenn keine Änderung im System einträte. Grundsätzlich könnte eine Erhöhung der Zahl der Beitragszahler eine Entlastung bewirken.

Wege zur Erhöhung der Anzahl von Beitragzahlern bestehen in der Erhöhung der Erwerbstätigkeit (insbesondere bei Frauen), dem Abbau der Arbeitslosigkeit und der Erhöhung der Zahl der Migranten.

Die meisten Bundesregierungen haben versucht, eher bei den Rentnern selbst anzusetzen: Eine **Senkung der Rentenversicherungsbeiträge** oder zumindest die langfristige Beibehaltung ihrer jetzigen Höhe kann insbesondere durch folgende, bereits in Teilen praktizierte Möglichkeiten angestrebt werden.

Wege zur Senkung der Rentenversicherungsbeiträge:

- Senkung der Rentenzeiten durch Erschwerung der Frühverrentung;
- Erhöhung der Zeiten der Beitragszahlung u. a. durch frühere Einschulung, Schulzeitverkürzung, Studienzeitverkürzung;
- Erhöhung der Beitragszahlungen durch Senkung der Arbeitslosigkeit;
- Einbeziehung der Rentner in die Besteuerung;
- Einbeziehung der Rentner in die Krankenversicherungspflicht;
- Dämpfung der Rentenerhöhungen durch verschiedene Maßnahmen, u. a. die Einführung eines „demografischen Faktors“;
- Umschichtung des Steuersystems durch Besteuerung von Energie (Ökosteuer) zugunsten von staatlichen Zuschüssen zur Gesetzlichen Rentenversicherung.

Krankenversicherung und Krise des Gesundheitssystems

Grundprinzipien der Krankenversicherung

Arbeiter und Angestellte sind versicherungspflichtig und zahlen in die **gesetzliche Krankenversicherung (GKV)** ebenso wie ihre Arbeitgeber anteilig ein. Freiberufler und Beamte sind nicht versicherungspflichtig in der GKV und können sich in der privaten Krankenversicherung versichern.

In der Bundesrepublik Deutschland gibt es zwei Arten der Krankenversicherung:

- **private Krankenversicherung:** Die Beitragszahlung richtet sich nach dem **Äquivalenzprinzip**. Sie ist vom Risiko der Zahlung von Versicherungsleistungen abhängig.
- **gesetzliche Krankenversicherung:** Entsprechend dem **Solidarprinzip** treten Beitragszahler für die Notwendigkeit von Zahlungen für Mitversicherte ein.

Die gesetzlichen **Krankenkassen** organisieren die Abwicklung der Zahlungen. Sie sind gesetzlich verpflichtet, kostendeckend zu wirtschaften, weder Rücklagen größeren Ausmaßes zu bilden noch sich zu verschulden. Dies führt zu einer laufenden Anpassung der **Beiträge** an die **Gesundheitskosten**. Die Gesundheitskosten steigen in allen Industrieländern rapide an.

Gründe für die Kostenexplosion im Gesundheitswesen:

- Die Zahl älterer Menschen, die insgesamt häufiger und schwerer erkranken als jüngere, steigt an.
- Die Preise im Gesundheitswesen steigen an, besonders bedingt durch die Personalintensität der Leistungen.
- Der medizinische Fortschritt führt zur Kostensteigerung.

- Pflegetätigkeiten werden wesentlich weniger im Haushalt geleistet, sondern müssen in besonderen Einrichtungen erbracht werden, was mit hohen Kosten verbunden ist.

Die Kostenexplosion im Gesundheitswesen würde ohne Gegenmaßnahmen zu nicht akzeptablen Beitragssteigerungen führen. Wegen der vielen am Gesundheitswesen beteiligten Stellen geschieht dies in einer konzertierten Aktion:

Konzertierte Aktion im Gesundheitswesen

Bund und Länder
- politisch-gesellschaftliche Rahmenrichtlinien des Bundes (Bundesministerium für Gesundheit und soziale Sicherung, Bundeszentrale für gesundheitliche Aufklärung)
- Bund-Länder-Programm der Krankenhausfinanzierung
- Länderplanung des Krankenhausbaus
- öffentlicher Gesundheitsdienst der Länder und Kommunen (Gesundheitsämter)

Sozial- bzw. Wohlfahrtsverbände
- Verbände der Krankenkassen (unterschiedliche Kassenarten) der Versicherten, mit paritätischer Selbstverwaltung der beitragsleistenden Versicherten und der Arbeitgeber
- kassenärztliche Vereinigungen als Pflichtvereinigungen der Ärzte regulieren in Verhandlungen die Preise (Honorare) der medizinischen Leistungen, die Vorgaben medizinischer Leistungserbringung (regionale Ärzteverteilung und ambulante Versorgung der Bevölkerung)

6

Pflegeversicherung: Die Pflegeversicherung finanziert nach dem Solidarprinzip die Ausgaben für **ambulante (häusliche)** und **stationäre Pflege**. Sie ist ein neues Element des sozialen Netzes (↑ S. 133) und wurde als weitere Maßnahme für die Ausgliederung des Anteils für Ausgaben im Bereich der Pflege chronisch Kranker geschaffen. Auch sie ist als Pflichtversicherung für alle abhängig Beschäftigten angelegt und wird von Arbeitgebern und Arbeitnehmern, allerdings nicht zu gleichen Teilen, finanziert. Außerdem wird in der Zahlung zwischen Menschen mit und ohne Kinder differenziert.

Arbeitslosenversicherung und Erwerbstätigkeit

Grundprinzip der Arbeitslosenversicherung

Zu gleichen Teilen zahlen Arbeiter und Angestellte und deren Arbeitgeber in die Arbeitslosenversicherung ein.

Im Fall der Arbeitslosigkeit wird Unterstützung gewährt,

- wenn eine Mindestzeit an versicherungspflichtiger Beschäftigung bestanden hat,
- abhängig vom Lebensalter und von der Zeit der Versicherungspflicht, die vorher bestanden hat, sowie
- in der Höhe abhängig von der Höhe des vorherigen Arbeitslohns sowie vom Vorhandensein mindestens eines Kindes,
- zeitlich begrenzt je nach Länge der vorherigen Tätigkeit.

Ebenso wird die Absicherung gegenüber Arbeitslosigkeit über eine Pflichtversicherung gewährleistet. Zuständig für Arbeitslosengeld und Verwaltung der Arbeitslosigkeit sind die Arbeitsagenturen, d. h. die örtlichen Filialen der Bundesagentur für Arbeit.

Aufgaben der Arbeitsämter sind u. a.:

- Berufs- und Arbeitsmarktberatung,
- Arbeits- und Ausbildungsvermittlung,
- Förderung beruflicher Ausbildung,
- Förderung von Arbeitsbeschaffungs- und Trainingsmaßnahmen,
- Zahlung von Arbeitslosengeld und (bis 31. 12. 2004) Arbeitslosenhilfe, Kurzarbeitergeld, Konkursausfallgeld (Insolvenzgeld), Einstellungs- und Lohnkostenzuschüssen. Die Bundesagentur für Arbeit musste auf ihr Monopol in der Arbeitsvermittlung verzichten, nachdem auch private Agenturen teilweise zugelassen wurden.

Vor allem wegen der hohen Arbeitslosigkeit war auch das System der Arbeitslosenversicherung in die Krise geraten. Der Staat musste hohe Zuschüsse zur Arbeitslosenversicherung zahlen. Hauptziel einer Politik am Arbeitsmarkt musste es daher sein, die Arbeitslosigkeit zu senken und möglichst viele Bürgerinnen und Bürger zu befähigen, ihren Lebensunterhalt durch eigenes Einkommen zu finanzieren.

Wer Arbeitslosengeld bezogen hat und weiterhin am Arbeitsmarkt nicht vermittelbar ist, muss aus staatlichen Mitteln versorgt werden. Dies geschieht seit dem 1. 1. 2005 durch das **Arbeitslosengeld II**, in dem für Langzeitarbeitslose die ehemalige Arbeitslosenhilfe und die darauf folgende Sozialhilfe zusammengefasst wurden.

Ziel der Reform war die Entlastung der öffentlichen Haushalte sowie die Erhöhung der Anreize zur Aufnahme einer einkommensrelevanten Tätigkeit.

Maßnahmen des Reformkonzepts am Beispiel der „Hartz-Gesetze“ sind u. a.:

- Gleichbehandlung von Leiharbeitskräften mit tariflich Beschäftigten,
- Erleichterung von Mini-Jobs (Anhebung der Grenzen von 325 auf 400 Euro),
- Unterstützung zur Existenzgründung,
- ausgedehnte Meldepflicht für drohende Arbeitslosigkeit,
- Lockerung des Kündigungsschutzes für ältere Arbeitnehmer,
- Verschärfung der Anrechnung des Vermögens und des Einkommens des Partners und von Verwandten im Falle der Feststellung der Bedürftigkeit auf Arbeitslosengeld II,
- Verschärfung der Pflicht auf Aufnahme einer gemeinnützigen Tätigkeit zur Wiedereingliederung in das Arbeitsleben,
- Erweiterung der Zumutbarkeitsregelungen zur Aufnahme einer Tätigkeit durch Arbeitslose, die der Ausbildung bzw. dem vorherigen Einkommen nicht entspricht.

Weitere Komponenten der sozialen Sicherung

Sozialhilfe

Die Sozialhilfe stellt Hilfe zum Lebensunterhalt bzw. Hilfe in besonderen Lebenslagen dar für Personen, die in einer Notlage sind oder in eine Notlage zu geraten drohen, vorausgesetzt sie können diese Notlage nicht aus eigenen Kräften bzw. mit der Unterstützung anderer Menschen überwinden.

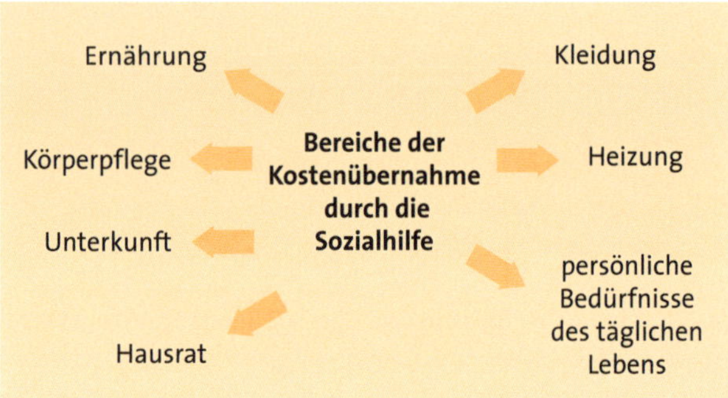

Die Kommunen finanzieren die Sozialhilfe. Sie wird in den einzelnen Bundesländern nach den dortigen Lebenshaltungskosten in ihrer Höhe festgelegt. In der Familie lebende Kinder erhalten je nach Alter einen Teil des Regelsatzes.

Wohngeld

Von bedürftigen Personen kann Wohngeld beantragt werden. Es dient der Finanzierung des Wohnens, wenn das sonstige Einkommen (nicht nur Sozialhilfe) nicht ausreicht. Wohngeld wird als Zuschuss gewährt.

Durch die Verpflichtung zur Zahlung von Sozialhilfe und Wohngeld an Bedürftige gerieten viele Städte und Gemeinden in eine existenzielle Krise.

Kindergeld

Das Kindergeld ist als Lastenausgleich für die besonderen Anstrengungen gedacht, die Familien mit Kindern auf sich nehmen. Es wird ebenso wie andere Maßnahmen zugunsten der Familien aus Steuermitteln gezahlt.

Weitere Leistungen für Familien

- staatliche Förderung des Eigenheimbaus für Familien mit Kindern durch unverzinsliche Darlehen;
- Förderung von Alleinerziehenden (Unterhaltsvorschuss, wenn der zweite Elternteil nicht zahlt);
- Möglichkeit des Erziehungsurlaubs mit der evtl. Zahlung von Erziehungsgeld;
- Anerkennung von Erziehungsjahren bei der Rente;
- Besserstellung von Familien gegenüber Kinderlosen bzw. Singles im Steuerrecht, u. a. durch Freibeträge.

Jeder soll in Deutschland unabhängig von seiner finanziellen Situation die Ausbildung erhalten können, die seinen Fähigkeiten und Neigungen entspricht. Deshalb werden Auszubildende und Teilnehmer an berufsvorbereitenden Bildungsmaßnahmen durch eine **Berufsausbildungsbeihilfe (BAB)** gefördert.

Schüler und Studenten werden nach dem **Bundesausbildungsförderungsgesetz (BAföG)** gefördert. Beide Maßnahmen erfolgen nur dann, wenn Eltern bestimmte Einkommensgrenzen nicht überschreiten und Schüler bzw. Studierende Bedarf nachweisen (keine Förderung an Schüler, wenn sie zu Hause wohnen). Ein Teil des BAföG wird als Darlehen gewährt und muss nach dem Antritt einer gesicherten beruflichen Tätigkeit zurückgezahlt werden. Darüber hinaus besteht noch die Möglichkeit eines zinsgünstigen Bildungskredits für Schüler und Studenten am Ende ihrer Ausbildungszeit unabhängig vom Einkommen.

6.4 Sozialstaat und Wohlfahrtsstaat

Definition: Wohlfahrtsstaat

Kurzbezeichnung für einen Staat, der unterschiedliche (Fürsorge-)Maßnahmen, Programme und Politiken anwendet, die der sozialen Wohlfahrt der Bevölkerung dienen. Die Bezeichnung ist umfassender als die des Sozialstaats.

Typologie nach Gösta Esping-Andersen (*1947):

- sozial-demokratische Wohlfahrtsstaaten, z. B. Skandinavien,
- konservative Wohlfahrtsstaaten, z. B. Frankreich,
- liberale Wohlfahrtsstaaten, z. B. Großbritannien.

Das Wohlfahrtsstaatsmodell Großbritanniens

Das heutige „liberale" System fußt auf Vorschlägen des **„Beveridge-Reports"** aus den 1950er-Jahren. Soziale Sicherheit soll zunächst durch eigene Erwerbstätigkeit und familiäre Unterstützung geschaffen werden. Daneben steht ein durch Versicherungsbeiträge und Steuermittel finanziertes System sozialer Sicherung:

- Die **National Insurance** wird finanziert durch die Versicherungspflicht von Arbeitnehmern und Arbeitgebern und ist zuständig für Leistungen im Alter, bei Unfall, Invalidität und Mutterschaft sowie für das Krankengeld.
- Der **National Health Service** wird aus Steuermitteln finanziert und ist für die Leistungen im Gesundheitsbereich zuständig. Jeder Einwohner Großbritanniens hat Anspruch auf kostenlose ärztliche Betreuung. Es wird allerdings nur eine Grundversorgung abgedeckt, die z. B. Wartezeiten für einen Krankenhausaufenthalt oder eine Operation mit sich bringen kann.

Das skandinavische Modell – Beispiel Dänemark

Dieses Modell sieht die soziale Sicherung primär als **staatliche Aufgabe**. Das System sozialer Sicherung ist weit weniger als in Deutschland an die Erwerbstätigkeit und eine damit verbundene Versicherungspflicht gekoppelt. Alle Dänen haben Anspruch auf eine unabhängig von ihrem Einkommen gewährte **Grundsicherung**, die aus Steuermitteln finanziert wird.

Bestandteile der Grundsicherung

- gesamte gesundheitliche Versorgung,
- Mutterschutz,
- Absicherung gegen Invalidität,
- Absicherung der Pflege im Alter,
- diverse Leistungen für die Familie,
- beschäftigungsunabhängige Grundrente.

Die Finanzierung aus Steuermitteln ist nur möglich, weil direkte und indirekte Steuern wesentlich höher liegen als in Deutschland. Neben diese staatliche Grundversorgung tritt als zusätzliche Absicherung eine durch Versicherungsleistungen der Arbeitnehmer (1⁄3) sowie der Arbeitgeber (2⁄3) erworbene **Zusatzrente**. Die Absicherung für den Fall der Arbeitslosigkeit wird durch eine **freiwillige Arbeitslosenversicherung** erwirkt.

6

Modellwechsel am Beispiel der Niederlande

Gegenüber der früheren Lösung von Arbeitsmarktproblemen durch eine ausgeweitete Frühverrentung wurden aktivierende Maßnahmen durchgeführt, die Teilzeitbeschäftigung in großem Umfang ermöglichten und die Arbeitslosigkeit senkten. Alle Staatsbürger erhalten im Alter eine staatlich garantierte Mindestrente, unabhängig von Beschäftigungsart als Vollzeit- oder Teilzeitbeschäftigte. Insbesondere Frauen kommt dieses neue System zugute.

7 Internationale Beziehungen

Wichtige Grundbegriffe

internationale Beziehungen	
Unter internationalen Beziehungen versteht man das Geflecht der politischen, wirtschaftlichen, kulturellen und militärischen Beziehungen, das im Mit- und Gegeneinander zwischen Staaten, Staatenbündnissen und nicht staatlichen Akteuren gestaltet wird. Die internationalen Beziehungen sind geprägt von Konfliktlagen, aber auch von Politiknetzwerken für eine „**Weltinnenpolitik**“ (**global governance**).	NATO, EU, WTO internationaler Terrorismus Rugmark-Label für Teppiche
internationale Akteure	
Neben Nationalstaaten und Verteidigungsbündnissen zählen dazu: internationale Organisationen, transnationale Unternehmen, internationale Nichtregierungsorganisationen.	Vodafone, Deutsche Bank, Amnesty International
internationale Politik	
Handeln mehrere Staaten kooperativ und gleichberechtigt, so spricht man von **Multilateralismus**. Beansprucht ein Staat einen einseitigen Führungsanspruch, handelt es sich um **Unilateralismus**.	Politik der EU USA im Irakkrieg 2003

7.1 Prinzipien der internationalen Beziehungen

Hauptdeterminanten internationaler Beziehungen im 19. und 20. Jahrhundert waren Hegemoniebestrebungen, (militärische) Interventionen, Streben nach legitimer Herrschaft und Herstellung von außenpolitischem Gleichgewicht.

Determinanten	Definitionen
Hegemonie	(militärische, wirtschaftliche, kulturelle etc.) Vorrangstellung oder Vorherrschaft eines Staates gegenüber einem oder mehreren anderen *Beispiel:* Afrika während des Kolonialismus – aufgeteilt zwischen den Kolonialstaaten Frankreich, England und dem Deutschen Reich
Intervention	Einmischung eines Staates in die Angelegenheiten eines anderen Staates *Beispiel:* Einmarsch sowjetischer Truppen in der Tschechoslowakei 1968 (Unterdrückung des „Prager Frühlings“)
legitime Herrschaft	rechtmäßige politische Herrschaft, basierend auf dem Herrschaftsanspruch und auf der Anerkennung der Herrschaftsbeziehung durch die Beherrschten. Voraussetzungen: formelle Rechtmäßigkeit (Legalität), Vertrauen in die Rechtmäßigkeit der Herrschaft. *Beispiel:* Das Grundgesetz von 1949 begründet einen demokratischen Verfassungsstaat, der auf Volkssouveränität, Rechtsstaatlichkeit und sozialer Gerechtigkeit beruht.
außenpolitisches Gleichgewicht	Zustand gleich verteilter (meist militärischer) Stärke zwischen zwei oder mehreren Staaten oder Bündnissen (balance of power) *Beispiel:* Balance of Power in der bipolaren Welt des Kalten Krieges (Weltmächte USA und UdSSR)

Die UN-Charta als globale Verfassung

Es ist Aufgabe staatlicher Politik, Unsicherheiten im Zusammenleben der Menschen abzubauen. Das gilt für die innere Sicherheit (durch Gesetzgebung und Polizei) ebenso wie für die soziale Sicherheit (durch den Sozialstaat) und für die äußere Sicherheit (durch Diplomatie und Militär). Äußere Sicherheit im weiteren Sinne ist die Abwehr von Bedrohungen des eigenen Territoriums und der eigenen gesellschaftlichen Ordnung, die von anderen Staaten oder von anderen Akteuren ausgehen. Rahmenbedingungen für eine umfassende Konzeption äußerer Sicherheit formulierte die UN-Charta 1945. Sie wurde als Antwort auf den Zweiten Weltkrieg als globale Verfassung konzipiert, die grundlegende Normen des Völkerrechts festschreibt.

Prinzip	Definition und Bezug zur UN-Charta
Universalität	Die UN beansprucht, dass Ziele und Grundsätze der UN-Charta weltweit gültige Normen des Völkerrechts sind (Art. 2 Abs. 6).
Gleichberechtigung	Die Gleichberechtigung aller Nationen ist in der Präambel festgelegt. Jeder Staat hat eine Stimme; Ausnahme: Sicherheitsrat (Vetomächte) (↑ S. 156).
Selbstbestimmungsrecht	Alle Völker und Nationen können ihren politischen, wirtschaftlichen und kulturellen Status frei bestimmen; keine Einmischungen in die „inneren Angelegenheiten" eines Staates (Art. 2 Abs. 7; Ausnahme Zwangsmaßnahmen, Kap. VII UN-Charta).
friedliche Streitbeilegung	UN-Mitglieder sollen „internationale Streitigkeiten oder Situationen, die zu einem Friedensbruch führen könnten, durch friedliche Mittel nach den Grundsätzen der Gerechtigkeit und des Völkerrechts (...) bereinigen oder beilegen". (Art. 1 Abs. 1)

Prinzip	Definition und Bezug zur UN-Charta (Forts.)
Ächtung des Krieges und Gewaltverbot	Das allgemeine Gewaltverbot in Art. 2 Abs. 4 entzieht den Staaten das Recht, zur Verwirklichung ihrer nationalen Interessen Gewalt anzuwenden oder auch nur anzudrohen. Anwendung von Waffengewalt nur im gemeinsamen Interesse (Präambel). Ausnahmen: ■ Selbstverteidigung: Nach Art. 51 darf sich ein angegriffener Staat selbst verteidigen bzw. zur kollektiven Verteidigung auch andere Staaten um Hilfe bitten. ■ Beistand gegen einen Aggressor: Im Falle einer Bedrohung des Weltfriedens kann der Sicherheitsrat Zwangsmaßnahmen gegen den Friedensstörer bis hin zur Anwendung militärischer Gewalt beschließen.
Souveränität	Selbstbestimmtheit eines Staates und Unabhängigkeit von anderen Staaten (Art. 2 Abs. 4)
Humanität	Die UN-Charta formuliert als Ziel die Achtung vor den Menschenrechten und Grundfreiheiten, ohne Unterschied der Rasse, des Geschlechts, der Sprache oder der Religion, ferner Mitmenschlichkeit, auch religiöse und politische Toleranz (Art. 1 Abs. 3).
humanitäre Intervention	Ziel: Verhinderung/Beendigung massenhafter Menschenrechtsverletzungen in innerstaatlichen Krisen (Kap. VI, VII UN-Charta) durch militärische Operationen von Drittstaaten; politisch umstritten wegen des massiven Eingriffs in die staatliche Souveränität.

Etliche dieser Leitvorstellungen für die kollektive Sicherheit haben bisher keine universelle Akzeptanz erfahren. Der Regelungsanspruch der UN-Charta kollidiert häufig mit nationalen Eigeninteressen der Mitglieder. Ein Grundproblem stellen auch die fehlenden eigenen Streitkräfte der UN dar.

7.2 Das Völkerrecht

Inhalt

Das Völkerrecht besteht aus den Normen, die die Verhaltensweisen festlegen, die zu einem geordneten Zusammenleben der Staaten notwendig und nicht im innerstaatlichen Recht der einzelnen Staaten geregelt sind.

Vor allem die **Charta der Vereinten Nationen (UN-Charta)** bildet neben vielen anderen UN-Konventionen, -Verträgen und -Standards die Basis des Rechts, das die Beziehungen zwischen den Staaten regelt. Sie ruft auch zur Förderung der schrittweisen Entwicklung des Völkerrechts und seiner Kodifizierung auf. Das Völkerrecht beruht auf Verträgen zwischen einzelnen Staaten und Staatengruppen.

1969 und 1978 wurden in der Wiener Vertragskonvention und der Wiener Vertragsrechtskonvention Grundsätze für solche Vertragsschlüsse vereinbart. Sie leiten sich aus dem römischen Recht ab und beruhen auf **fünf Rechtsgrundsätzen**:

- **Grundsatz der freien Zustimmung:** Beide bzw. alle Vertragsparteien müssen dem Vertrag in freier Willensbildung zustimmen.
- **bona fide:** Verträge werden nach dem Grundsatz von Treu und Glauben geschlossen.
- **pacta sunt servanda:** Ein Vertrag bindet die Vertragsparteien.
- **rebus sic stantibus:** Eine grundlegende Änderung der Umstände kann die Gültigkeit von Verträgen verändern.
- **favor contractus:** Es ist besser, einen Vertrag aufrechtzuerhalten, als ihn aufzulösen.

Das Völkerrecht blickt auf eine lange Tradition von Verträgen zurück, die das Rechtssystem des Völkerrechts bilden. Nur die

Übereinkunft zwischen Staaten setzt Recht im Völkerrecht. Völkervertragsrecht entsteht durch Vertragsschluss und anschließende Ratifikation zwischen den beteiligten Staaten.

Die wichtigsten völkerrechtlichen Übereinkünfte:

1864 Genfer Konvention: Vertrag zur Minderung menschlicher Leiden bei bewaffneten Konflikten

1868 Petersburger Konvention über die Unzulässigkeit des Gebrauchs explosiver Geschosse aus Handfeuerwaffen

1907 Haager Landkriegsordnung: Unterscheidung zwischen Kombattanten und Nichtkombattanten im Krieg

1933 Konvention von Montevideo definiert Rechte und Pflichten eines Staates im internationalen Recht: So hat jeder Staat, ob international akzeptiert oder nicht, das Recht auf Verteidigung seines Territoriums, politischen Kontakt und innere Sicherheit.

1948 UN-Menschenrechtskonvention: Schutz der unveräußerlichen Menschenrechte

1949 Genfer Abkommen: Verbesserung des Loses der Verwundeten der Streitkräfte im Felde sowie der Kriegsgefangenen und des Schutzes der Zivilbevölkerung

1951 UN-Flüchtlingskonvention: Behandlung von Flüchtlingen

1977 Zusatzprotokolle zum Genfer Abkommen: Schutz der Opfer internationaler bewaffneter Konflikte

1982 UN-Seerechtskonvention: Abkommen zum Schutz der Ozeane

1984 UN-Anti-Folter-Konvention: Übereinkommen gegen Folter und andere grausame Behandlung

1997 Kyoto-Protokoll: Abkommen zum Klimaschutz

2002 Statut des Internationalen Strafgerichtshofs (ICC, IStGH): internationale strafrechtliche Verfolgung von Völkermord, Verbrechen gegen die Menschlichkeit und Kriegsverbrechen.

7.3 Akteure von internationalen Beziehungen

Nationalstaaten

Wichtige Akteure der internationalen Beziehungen sind die Nationalstaaten sowie deren Allianzen, internationale Institutionen und transnationale Unternehmen.

Definition: Nationalstaat

Ein Nationalstaat ist ein Staat mit einer staatstragenden Nation (Volk, Ethnie), der die wesentlichen Teile dieses staatstragenden Volkes im Geltungsbereich seiner territorialrechtlichen Herrschaft (Staatsgebiet / Herrschaftsordnung) vereint.

Hauptziele Deutschlands in der Außenpolitik:

- Konfliktverhütung und -beilegung mit friedlichen Mitteln,
- Nichtverbreitung von Massenvernichtungswaffen,
- Stärkung des multilateralen Systems (↑ S. 150), v. a. der UN
- gemeinsame Außen- und Sicherheitspolitik im Rahmen der Europäischen Union (↑ S. 36),
- Stärkung des internationalen Handelssystem,
- Herstellung einer gerechten Weltwirtschaftsordnung.

Beschränkung von Hoheitsrechten (Souveränitätsverzicht): Artikel 24 GG sieht vor, dass Hoheitsrechte „zur Wahrung des Friedens einem System gegenseitiger kollektiver Sicherheit" übertragen werden könen.

Deutschland versteht sich in erster Linie als **Zivil- und Welthandelsmacht**. Militärische Mittel werden ausschließlich im Rahmen internationaler Friedensmissionen und im Kampf gegen den Terrorismus eingesetzt.

Die wichtigsten außenpolitischen Akteure in Deutschland und ihre Befugnisse sind:

- **Bundeskanzler:** Richtlinienkompetenz, starke Rolle in der Europapolitik, Staatsbesuche, Koordination von Kabinettsausschüssen mit Vertretern verschiedener Ministerien;
- **Bundesaußenminister:** Pflege und Förderung der auswärtigen Beziehungen, Erarbeitung außenpolitischer Analysen und Konzeptionen im Auswärtigen Amt (Außenministerium);
- **Verteidigungsminister:** Verantwortung für die Sicherheits- und Verteidigungspolitik;
- **Bundespräsident:** Ratifikation von Verträgen mit auswärtigen Staaten und völkerrechtliche Anerkennung fremder Staaten (auf Vorschlag der Bundesregierung), Staatsbesuche, Akkreditierung von Botschaftern fremder Staaten, Ernennung deutscher Botschafter.

Internationale Institutionen

Internationale Institutionen bestimmen zwischenstaatliche Prinzipien, Normen und Regeln als Grundlage für internationale Beziehungen. Man unterscheidet nach der Intensität und Verbindlichkeit der Zusammenarbeit internationale Organisationen, internationale Regime und internationale Netzwerke.

Definition: internationale Organisation

Internationale Organisationen sind auf Dauer angelegte Vereinigungen mehrerer Rechtssubjekte (z. B. Staaten) zu einem gemeinsamen Zweck, basierend auf einem Vertrag mit eigener Rechtspersönlichkeit und eigenen Organen, die Aufgaben selbstständig wahrnehmen.

Man unterscheidet folgende internationale Organisationen:

- **internationale Regierungsorganisationen** (International Governmental Organizations, IGOs)
  Beispiele: UN (↑ S. 155), International Atomic Energy Agency;
- **internationale Nichtregierungsorganisationen** (International Non-Governmental Organizations, INGOs)
  Beispiele: Greenpeace, Attac, Amnesty international;
- **internationale Regime**: Regel-, Normen- und Entscheidungssysteme, die von internationalen Akteuren (z. B. Nationalstaaten) akzeptiert werden, um Problemfelder zu bearbeiten.
  Beispiele: GATT (↑ S. 158), Nichtverbreitungsvertrag von Atomwaffen (Non-Proliferation Treaty);
- **internationale Netzwerke:** freiwillige Politikabstimmung in einem Problemfeld und mithilfe eines festgelegten Verfahrens.
  Beispiel: G8 (Weltwirtschaftsgipfel der acht führenden Wirtschaftsnationen).

Internationale Nichtregierungsorganisationen: Seit der zweiten Hälfte des 20. Jh. wird die internationale Politik immer mehr durch die sprunghaft angestiegene Zahl der Internationalen Nichtregierungsorganisationen beeinflusst (2005: ca. 10 000). Sie arbeiten weitgehend regierungsunabhängig, ohne Profitinteressen und setzen sich für soziale, humanitäre, ökologische und entwicklungspolitische Ziele ein.

INGOs gibt es sowohl als kleine Expertengremien als auch als Massenbewegung; einige können sich vollständig über Spenden finanzieren (z. B. Greenpeace), andere arbeiten ohne zentrale Organisation (z. B. Attac), viele sind auf staatliche Unterstützung angewiesen.

Manche INGOs existieren seit Jahrzehnten, haben viele Mitglieder, eine dichte weltweite Vernetzung, große Publizität sowie eine gute Finanzausstattung (z. B. WWF), andere entstehen kurzfristig aufgrund eines aktuellen politischen Themas. Dazwischen gibt es Variationsformen.

Zweck ist die Beeinflussung der öffentlichen Meinungsbildung sowie die Beeinflussung, aber besonders Kontrolle weiterer Akteure in den internationalen Beziehungen („Watchdog"-Funktion).

Die UN und ihre Sonderorganisationen

Die Vereinten Nationen (United Nations – UN bzw. United Nations Organization – UNO) mit Hauptsitz in New York sind die **weltweite Staatenorganisation** (2007: 192 Mitglieder). Die UN wurden 1945 gegründet. Nach dem Zweiten Weltkrieg stand die Suche nach einer dauerhaften Friedensordnung ganz oben auf der politischen Agenda. Notfalls sollte die Völkergemeinschaft den Erhalt bzw. die Wiederherstellung des Friedens sogar mit militärischen Mitteln erzwingen können. Ihre Wurzeln haben die Vereinten Nationen im Völkerbund, der nach dem Ersten Weltkrieg mit dem Ziel der dauerhaften weltweiten Friedenssicherung gegründet wurde. Allerdings hatte der Völkerbund durch mangelndes Beitrittsinteresse, z.B. der USA, nicht die nötigen Machtmittel und damit den politischen Einfluss, um seine Ziele durchsetzen zu können.

Die **Ziele** der UN bestehen in der Erhaltung des Weltfriedens, Selbstbestimmung der Völker, Förderung der internationalen Zusammenarbeit und der wirtschaftlichen und sozialen Entwicklung sowie in der Durchsetzung der allgemeinen Menschenrechte auf der Grundlage der Gleichberechtigung. Als Mittel zur Erreichung ihrer Ziele stehen ihr zur Verfügung:

- Vermittlung in Krisen- und Konfliktlagen (Verzicht auf Gewaltandrohung/-anwendung),
- Konfliktvorbeugung durch Förderung des wirtschaftlichen, sozialen und kulturellen Fortschritts,
- Anklage vor dem Internationalen Gerichtshof.

Die **Hauptorgane** der UN sind:

- **General-/Vollversammlung (GV):** In der GV sind alle Mitgliedstaaten vertreten. Jeder Mitgliedstaat verfügt über eine Stimme, Beschlüsse werden i. d. R. mit einfacher Mehrheit gefasst, haben aber nur empfehlenden Charakter.
- **Sicherheitsrat:** Er hat 15 Mitglieder; davon fünf ständige Mitglieder (Frankreich, Großbritannien, Russland, USA, Volksrepublik China). Letztere können als „Vetomächte“ Beschlüsse des Sicherheitsrats verhindern. Die zehn nicht ständigen Mitglieder werden für zwei Jahre von der GV mit ⅔-Mehrheit gewählt. Der Sicherheitsrat kann besondere Instrumente einsetzen, z. B. Friedenstruppen („Blauhelme”) oder internationale Tribunale für Kriegsverbrechen.
- **Wirtschafts- und Sozialrat (ECOSOC):** zuständig für die Umsetzung der wirtschaftlichen, sozialen und kulturellen Programme, die Konfliktursachen vermeiden oder beseitigen sollen. Der ECOSOC hat 54 Mitglieder.
- **Internationaler Gerichtshof (IGH):** Der IGH ist das wichtigste Rechtsprechungsorgan der UN mit Sitz in Den Haag; er besteht aus 15 von der GV und dem Sicherheitsrat gewählten, unabhängigen Richtern. Seine Hauptaufgabe ist die Behandlung zwischenstaatlicher Streitigkeiten. Er kann nur dann tätig werden, wenn alle Konfliktparteien sich generell oder für den konkreten Fall seiner Gerichtsbarkeit unterwerfen. Seine Urteile sind endgültig. Er hat aber keine Möglichkeit, diese durchzusetzen; dies liegt beim Sicherheitsrat.
- **Generalsekretariat:** Der **Generalsekretär** der UN wird auf Vorschlag des Sicherheitsrats von der Generalversammlung für fünf Jahre gewählt. Er kann vom Sicherheitsrat mit der Vorbereitung und Durchführung Frieden sichernder Maßnahmen beauftragt werden. Mit seinem Auftrag, zur Wahrung des Weltfriedens beizutragen, und aufgrund seines unabhängigen Status kann er als neutrale Autorität internationale Konflikte lösen helfen.

Aufbau der UN

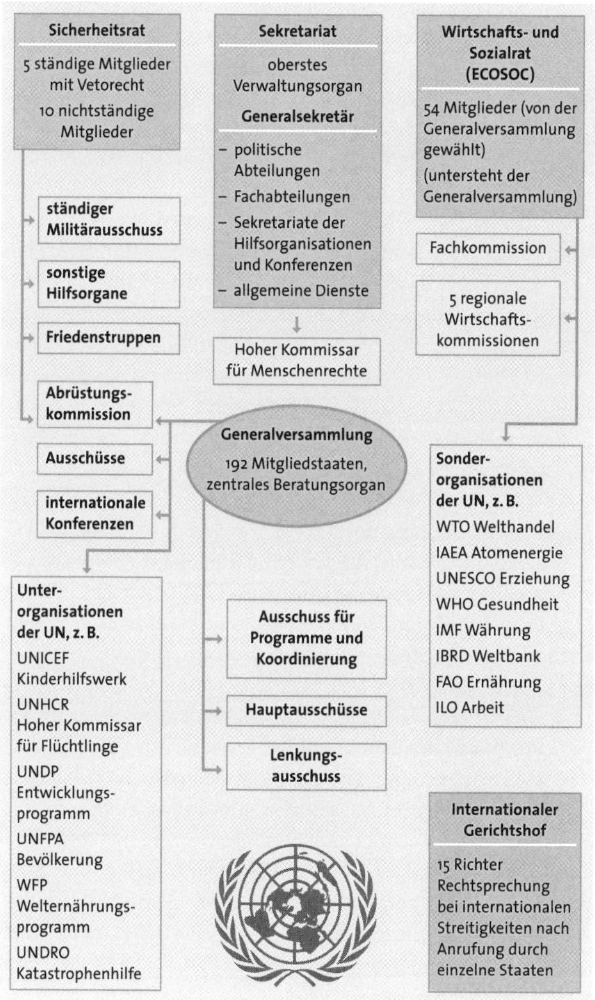

Internationale Arbeitsorganisation (International Labour Organisation, ILO):

- gegründet 1919; existiert als Sonderorganisation der UN seit 1946 mit Sitz in Genf und hat 181 Mitgliedstaaten (2007).
- **Ziele:** Bekämpfung von Armut und Arbeitslosigkeit weltweit, Beitrag zu sozialem Ausgleich und sozialer Gerechtigkeit, Verbesserung der Lebens- und Arbeitsbedingungen – insbesondere durch die Formulierung und Durchsetzung internationaler Arbeits- und Sozialnormen.
- **wichtigste Organe:** Internationale Arbeitskonferenz (Plenarorgan mit Beschlusskompetenz und der Einsetzung von Ausschüssen), Verwaltungsrat (Exekutivorgan mit Entscheidungskompetenz bei Beschwerden und Klagen), International Labour Office (1900 Angestellte und 600 Experten in über 40 Ländern). ILO-Organe sind mit Vertretern der Regierungen, Arbeitgeber und Arbeitnehmer besetzt (Prinzip der Dreigliedrigkeit).

Welthandelsorganisation (World Trade Organization, WTO)

- gegründet 1995 mit Sitz in Genf. Sie baut auf dem Allgemeinen Zoll- und Handelsabkommens (GATT) auf, hat 151 Mitglieder (2007) und ist neben IWF und Weltbank die wichtigste Institution für internationale Wirtschaftsprobleme.
- **Struktur und Ziele:**
  - GATT (Ziel: Liberalisierung des Warenhandels) bestimmt Regeln für den Warenhandel.
  - GATS (Ziel: Liberalisierung des Dienstleistungshandels) bestimmt Regeln für den Dienstleistungshandel.
  - TRIPS (Ziel: Schutz geistigen Eigentumsrechts) bestimmt Regeln für den Schutz geistigen Eigentumsrechts.
- **wichtigste Organe:** zweijährig tagende Ministerkonferenz, die den WTO-Generalsekretär wählt. Zwischen den Ministerkonferenzen führt der Allgemeine Rat aus Delegierten der Mitgliedstaaten die Geschäfte.

Weltbank

- gegründet 1944 im Rahmen der Währungs- und Finanzkonferenz der Gründungsmitglieder der UN in Bretton-Woods (USA) mit Sitz in Washington DC. Ihr gehören 185 Mitglieder (2007) an; für die Weltbankgruppe arbeiten mehr als 10 000 Menschen.
- **Ziele nach 1945:** Förderung des Wiederaufbaus, Schaffung stabiler Währungen; **Ziele heute:** vor allem Bekämpfung der Armut, Verbesserung der Lebensbedingungen in Entwicklungsländern. Die Weltbank ist der wichtigste Geldgeber für Projekte in der Entwicklungszusammenarbeit.
- **Organisationsstruktur:**
  - Internationale Bank für Wiederaufbau und Entwicklung,
  - Internationale Entwicklungsorganisation,
  - Internationale Finanz-Corporation,
  - Multilaterale Investitions-Garantie-Agentur,
  - Internationales Zentrum für die Beilegung von Investitionsstreitigkeiten.
- **Entscheidungsstruktur:** Oberstes Entscheidungsgremium der Weltbankgruppe ist der Gouverneursrat, in den jedes Mitglied einen Gouverneur und einen Stellvertreter entsendet. Die Mittel zur Kreditvergabe bezieht die Weltbank aus dem Verkauf von Anteilsscheinen, die die Mitgliedstaaten entsprechend der Stärke ihrer Volkswirtschaften kaufen. Bei Abstimmungen hängt das Stimmgewicht eines Landes von der Höhe seiner Beteiligung am Kapital der Bank ab. Die USA, Japan, Frankreich, Großbritannien und Deutschland kommen zusammen auf einen Stimmenanteil von 37,34% (2006).
- **Arbeitsspektrum:** Die Weltbank engagiert sich in fast jedem Politikbereich und jedem Entwicklungsland; u. a. für die Vergabe von Mikrokrediten, die Förderung von Schulbildung, Wiederaufbauprogramme nach Erdbeben, die Entschuldung der Entwicklungsländer, die Bekämpfung von Korruption oder die Prävention von HIV und Aids.

Internationaler Währungsfonds (IWF):

- gegründet 1944 im Rahmen der Währungs- und Finanzkonferenz der Gründungsmitglieder der UN in Bretton-Woods (USA) mit Sitz in Washington DC. Der IWF hat 185 Mitglieder (2007). Sein Anliegen war bis 1973 die Einhaltung der Regeln im Bretton-Woods-System fester Wechselkurse, seit 1973 legt der freie Markt die Wechselkurse fest.
- **Ziele und Aufgaben:**
  - Förderung der internationalen Zusammenarbeit in der Währungspolitik,
  - Förderung stabiler Wechselkurse,
  - Förderung des Wachstums des Welthandels,
  - Reduzierung des Ungleichgewichts in den Zahlungsbilanzen der Mitglieder.
- **Kreditvergabe:** Empfängerländer müssen finanz- und wirtschaftspolitische Auflagen erfüllen, z. B. die Sanierung des Staatshaushalts. Der IWF stellt verschiedene Kredite mit jeweils eigenen Konditionen bereit.
- **Sonderfazilitäten:** Neben den normalen Krediten des IWF, die allen Mitgliedern mit Zahlungsbilanzproblemen zustehen, hat der Fonds für Entwicklungsländer bestimmte Sonderfazilitäten geschaffen, z. B. zur Armutsbekämpfung. Voraussetzung ist eine Armutsbekämpfungsstrategie des Entwicklungslandes.
- **Sonderziehungsrechte (SZR):** Die Mittel des IWF stammen vorwiegend aus den Quoteneinzahlungen der Mitglieder, die je nach wirtschaftlicher Stärke des Landes variieren. Insgesamt liegt das Kapital des IWF bei 213 Mrd. SZR. Der Wert eines SZR wird täglich aus den Währungen der fünf wichtigsten Mitglieder ermittelt (US-Dollar, Yen, Pfund Sterling, Euro). Die deutsche Quoteneinzahlung beträgt ca. 13 Mrd. SZR, das sind rund 6 % der Gesamtquoten.

Transnationale Unternehmen (TNU), d. h. Unternehmen mit Produktions-, Verkaufs- und Servicestätten auf verschiedenen Kontinenten, wickeln heute einen großen Teil des Welthandels ab. Ihre Zahl stieg von etwa 17 000 (1980) auf rd. 70 000 (2004; Tochterunternehmen: 690 000).

Rahmenbedingungen und Wechselwirkungen

- Durch rechtliche Regelungen der internationalen Politik und durch staatliche Steuerungs- und Durchsetzungsmöglichkeiten wird Raum für Märkte geschaffen, in denen TNUs agieren.
- Nationalstaatliche Politik wird zunehmend stärker abhängig von globalen Märkten, in denen TNUs an Zahl und Gewicht erheblich zugenommen haben.
- TNUs beeinflussen sowohl internationale (Wirtschafts-) Beziehungen als auch politische Krisen- und Konfliktfälle.

Microsoft, Coca-Cola, Siemens

„Good Practices“ auf Unternehmensebene

50 transnationale Unternehmen haben sich gegenüber den UN auf neun Grundprinzipien („good practices“) verpflichtet:

1. Unterstützung der Menschenrechte in ihrem eigenen Einflussbereich,
2. Ausschluss von eigenen Menschrechtsverletzungen,
3. Anerkennung der Vereinigungsfreiheit und anderer Kollektivrechte,
4. Abschaffung jeder Art von Zwangsarbeit,
5. Abschaffung der Kinderarbeit,
6. Diskriminierungsverbot bei Anstellung und Beschäftigung,
7. vorsorgender Ansatz bei Umweltproblemen,
8. Förderung der Verantwortung gegenüber der Umwelt,
9. Entwicklung und Verbreitung umweltfreundlicher Technologien.

Weitere Organisationen und regionale internationale Organisationen

Nordatlantikpakt (NATO)

- 1949 wurde die NATO (North Atlantic Treaty Organization) mit Sitz in Brüssel als internationale Organisation zur politischen und militärischen Verteidigung von den USA, Kanada, Belgien, Dänemark, Frankreich, Großbritannien, Island, Italien, Luxemburg, den Niederlanden, Norwegen und Portugal gegründet. 1955 trat die BRD bei; die NATO hat 26 Mitglieder (2007).
- **Ziele:** Während des Kalten Kriegs bestanden sie in der Verteidigung gegenüber der Sowjetunion und dem von ihr gelenkten Warschauer Pakt (bis zu dessen Auflösung 1991). Heute liegen sie in der Verteidigung von Frieden, z. B. im Auftrag der Vereinten Nationen (↑ S. 149, 155) oder der OSZE (↑ S. 163).
- **Die Sicherheitspolitik der NATO** ruht auf den folgenden drei Säulen:
  - Dialog
  - Fähigkeit zur Verteidigung, Krisenbewältigung, Konfliktverhütung
  - Kooperation
- **Beistandspflicht:** NATO-Mitglieder haben sich zu friedlichem Interessenausgleich, Konsultation und gegenseitigem Beistand bei militärischen Bedrohungen verpflichtet.
- **NATO-Kooperationsrat:** sicherheitspolitische Zusammenarbeit zwischen der NATO, Russland sowie weiteren mittel- und osteuropäischen Staaten des ehemaligen Warschauer Paktes zum Zweck von gemeinsamer Verteidigungsplanungen, internationalem Krisenmanagement, Rüstungskontrolle, Nichtverbreitung von Massenvernichtungswaffen sowie zur Bekämpfung des internationalen Terrorismus.

Organisation für Sicherheit und Zusammenarbeit in Europa (OSZE)

- **Gründung**: Die OSZE mit Sitz in Wien ging 1995 aus der Konferenz für Sicherheit und Zusammenarbeit in Europa (KSZE) hervor. Ihr gehören die USA, Kanada und fast alle europäischen Staaten an.
- **Aufgabenspektrum**:
  - Konsultation und Kooperation der Mitgliedstaaten,
  - Rüstungskontrolle,
  - gegenseitige militärische Vertrauensbildung und Abrüstung, Krisenprävention und zivile Krisenbewältigung.

  Grundlage hierfür sind die in der Charta von Paris (↑ S. 164) für ein neues Europa niedergelegten Leitbilder und Werte. Im Krisenmanagement steht ihr ein flexibles Instrumentarium, teilweise auch direkt in Krisenregionen, zur Verfügung.

- **Charta von Paris für ein neues Europa (1990):** Verpflichtung der KSZE-Staaten auf gemeinsame, alle Staaten bindende Werte und Leitlinien: Bekenntnis zu pluralistischer und repräsentativer Demokratie, Rechtsstaatlichkeit, Menschen- und Grundrechten, Freiheit und freier Individualität des Menschen.
- **Europäische Sicherheitscharta (1999):** verbindlicher Rahmen für Feldaktivitäten der OSZE in Krisengebieten, u. a. Programm zur Bereitstellung von zivilem Friedenspersonal für Friedensoperationen, Einrichtung einer zentralen Einsatzzentrale für Friedensoperationen, Aufbau schneller ziviler Eingreifgruppen, Übernahme polizeilicher Aufgaben bei der Friedenssicherung.

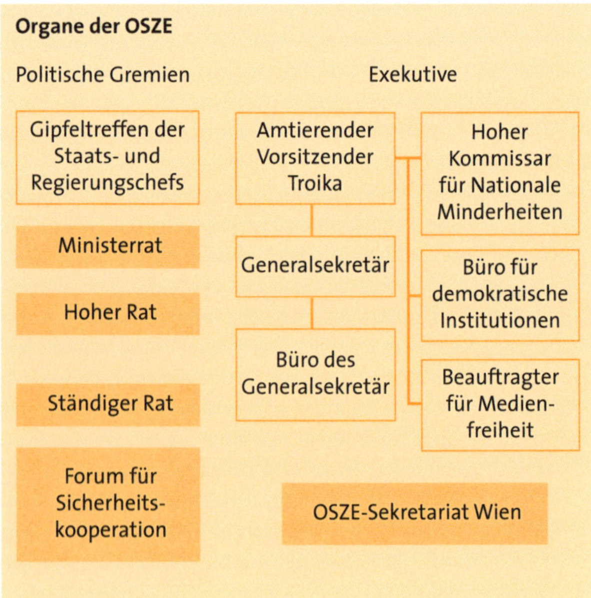

Afrikanische Union (African Union, AU)

- 2002 als Nachfolgeorganisation der 1963 gegründeten Organisation für Afrikanische Einheit (OAU); die 53 Mitglieder sind afrikanische Staaten.
- **Ziele:** internationale Zusammenarbeit, Absprachen in Wirtschafts-, Außen- und Verteidigungspolitik, Beseitigung kolonialer Macht, Verbesserung der Menschenrechte.

Association of South-East Asian Nations (ASEAN)

- 1967 gegründet; Vereinigung von 10 südostasiatischen Nationen (u. a. Indonesien, Thailand, Malaysia) mit einer Gesamtbevölkerung von fast 500 Mio. Einwohnern.
- **Ziele:** Förderung des sozialen und wirtschaftlichen Wohlstands sowie des Friedens in der Region durch Auf- und Ausbau eines gemeinsamen Wirtschaftsraums nach dem Vorbild der EU (↑ S. 36). Bis 2020 soll eine umfassende Wirtschaftsgemeinschaft mit einem gemeinsamen Markt für Güter, Dienstleistungen und Investitionen entstehen.

Organisation Amerikanischer Staaten (Organization of American States, OAS)

- 1948 gegründet; alle 34 Staaten des (süd- und nord-)amerikanischen Kontinents sind Mitglieder.
- **Ziele:** u. a. inneramerikanischer Beistand, Beilegung von Streitigkeiten, wirtschaftliche und kulturelle Zusammenarbeit.

Organisation Erdöl exportierender Länder (Organization of Petroleum Exporting Countries, OPEC)

- 1960 gegründet, 13 Mitglieder (2007), die 40 % der gegenwärtigen Ölgewinnung und etwa 75 % der weltweiten Ölreserven kontrollieren.
- **Ziele:** Gewinne für die Erdöl exportierenden Länder; Stabilisierung der Rohölpreise auf hohem Niveau durch bindende Absprachen über Fördermengen (Kartell).

7.4 Krieg und Frieden

„Klassische“ und „neue“ Kriege

Spätestens seit dem Zweiten Weltkrieg gibt es neben den „klassischen“ Kriegen sogenannte neue Kriege.

Merkmale des **„klassischen“ Krieges**:
- mit Waffen ausgetragener Machtkonflikt zwischen Staaten (Fortsetzung der Politik mit anderen Mitteln);
- Primat der Politik, u.a. zentrale politische Kontrolle durch legitimierte Entscheidungsträger;
- Auseinandersetzung zwischen militärischen Großverbänden ausgebildeter Soldaten (Zivilbevölkerung zunächst als Nichtkombattanten nicht beteiligt);
- abgegrenztes Schlachtfeld, Einnahme und Verlust der Kontrolle über ein Territorium;
- Symmetrie der Gegner;
- formelle Beendigung des Krieges (Kapitulation, Friede).

Merkmale **„neuer“ Kriege**:
- militärische Gewaltanwendung innerhalb von Staaten (klassischer „Bürgerkrieg“, allmählicher Beginn von Kampfhandlungen;
- Primat der Gruppeninteressen, u.a. Destabilisierung der politischen Kontrolle, Schaffung „befreiter Gebiete“;
- Auseinandersetzung zwischen bewaffneten Volksgruppen, Guerillas, Privatarmeen, Banden etc. (Trennung zwischen Kombattanten und Nichtkombattanten unmöglich: „Übergriffe“ gegen die Zivilbevölkerung; Kindersoldaten);
- Zusammenführung von Kampfzone und „Hinterland“;
- Asymmetrie der Gegner;
- Verebben der Kampfhandlungen am Ende.

Was ist Frieden?

Frieden ist die Fähigkeit, „Konflikte mit Empathie, mit Gewaltlosigkeit und mit Kreativität zu bearbeiten." (Johan Galtung, *1930). Nach Galtung kann Frieden begriffen werden als **Abwesenheit von Gewalt**:

militärische Gewalt zwischenstaatliche Konflikte	enger Friedensbegriff	
innerstaatliche gewaltsame Konflikte strukturelle Gewalt kulturelle Gewalt		weiter Friedensbegriff

Frieden kann also einerseits als Zustand der Abwesenheit zwischenstaatlicher Gewalt oder als Verfahren der Einübung gewaltfreier Konfliktbewältigung gesehen werden.

Eine solche Definition des Friedens ermöglicht es auch, Frieden als Prozess zu begreifen und damit Wege vom Krieg zu einem dauerhaften Frieden aufzuzeigen.

Frieden als Prozess mit Zwischenstufen

(nach Reinhard Meyers, *1947):

- Abschreckungsfrieden (Drohfrieden, Zustand im internationalen System);
- kooperativer Frieden (Sicherheit nicht gegen, sondern mit dem potenziellen Gegner; Sicherheit für alle oder niemanden);
- Entwicklungsfrieden (Verteilungsgerechtigkeit; Aufbrechen der asymmetrischen Struktur des Nord-Süd-Konflikts);
- ökologischer Frieden (globale Gefährdungen sind das Problem aller Akteure und nur gemeinsam lösbar).

Terrorismus, d. h. die Verbreitung von Schrecken zur Durchsetzung politischer Ziele, widerspricht den Prinzipien von Demokratie und friedlicher Konfliktregelung. Die UN ächtet immer wieder alle Ausprägungen des (internationalen) Terrorismus.

Ausprägung und Motive

ideologischer Terrorismus	revolutionäre Veränderung bestehender Strukturen, die mit Terroraktionen (symbolisch) getroffen und „entlarvt" werden
anarchistischer Terrorismus	
politischer Terrorismus	▸ ethno-politischer Terrorismus: Durchsetzung der Unabhängigkeitsbedürfnisse von Volksgruppen ▸ ordnungspolitischer nationalistischer Terrorismus: Durchsetzung von Ordnungsvorstellungen gegenüber einem „unfähigen" Staat ▸ Staatsterrorismus: staatlich geförderter bzw. geduldeter Terrorismus
Abu Sayyaf (Philippinen), Dschandschawid (Sudan)	
Glaubensterrorismus	▸ Weltanschauungsterrorismus: Sekten usw., die ihre Vorstellungen mit Gewalt durchsetzen wollen ▸ religiös motivierter Terrorismus: durch Verständnis einer Religion bedingter Terrorismus
Aum-Sekte (Japan), islamistischer Terrorismus	
Einzelterrorismus	Einzeltäter, die im (krankhaften) Bewusstsein einer „Mission" handeln
Cyberterrorismus	

Seit den Anschlägen vom 11. 9. 2001 auf das World Trade Center in New York und auf Teile des US-Verteidigungsministeriums in Washington durch das Terrornetzwerk Al-Qaida wird von einem **neuen Terrorismus** gesprochen. Er führte zu weltweiten Anschlägen mit vielen Todesopfern.

Traditioneller und neuer Terrorismus im Vergleich

	(traditioneller) Terrorismus	**neuer Terrorismus**
Organisation	eher hierarchisch	flache Hierarchien mit anspruchsvoller Logistik
Gruppenstärke	klein bis mittelgroß	Individuen, „Schläfer", Kleingruppen
Finanzierung	Banküberfälle, Erpressung	internationale Geschäfte, Drogen
Operationsgebiet	meist national begrenzt	international
Ziele	ausgewählte Personen, Repräsentanten des „Systems"	größere Menschenansammlungen
Ausmaß der Bedrohung	wenige Einzelne, Sicherheitskräfte, Staatsmacht	Bereitschaft zur Verursachung großer Opferzahlen
Bekenntnis zur Tat	„Bekennerschreiben", klare Einordnung	weniger ausgeprägt
Beteiligung der Medien	mäßig, orientiert am Treffen von Repräsentanten	auf Medienwirkung aus, Verbreitung von Schrecken

7.5 Theorien internationaler Konfliktregelung

In der **politischen Philosophie der Klassiker** wie der von Thomas Hobbes (1588–1679), John Locke (1633–1704) und Immanuel Kant (1724–1804) wurde die Theorie der internationalen Politik grundgelegt. Hobbes zufolge ist dem Menschen ein Machtstreben eigen, das sich in der Gesellschaft in Form von Herrschaft äußert. Der Konflikt, der „Krieg aller gegen alle", wird als Naturzustand angesehen. Unterschiedliche Interessen in der Gesellschaft befinden sich im Konflikt. Eine Konfliktregelung schafft das Recht. Es bändigt den Krieg aller gegen alle und macht das Zusammenleben in einer Gemeinschaft möglich. Ebenso schaffen Kant zufolge internationale Verträge internationales Recht und ermöglichen einen Weltfriedensvertrag.

Der **Marxismus** (↑ S. 62) beschreibt die Gesellschaft als in Klassen gespalten. Die Klassenspaltung als Dauerkonflikt geht aus vom Besitz bzw. Nichtbesitz von Produktionsmitteln und durchzieht alle Bereiche der Gesellschaft. Karl Marx (1818–1883) und Friedrich Engels (1820–1895) zufolge treten internationale Konflikte als Auseinandersetzungen zwischen den nationalen Kapitalen und als Kampf um Märkte und Vorherrschaft auf.

In der **Weiterentwicklung des Marxismus** durch Karl Kautsky (1854–1938), Rosa Luxemburg (1870–1919) und W. I. Lenin (1870–1924) wird der Klassenkampf auch als die Ursache internationaler Konflikte insofern gesehen, als das internationale Finanzkapital zur Unterdrückung ganzer Staaten übergeht. Der Klassenkampf spielt sich danach auch zwischen imperialistischen Staaten auf der einen und unterdrückten Staaten auf der anderen Seite ab. Ein Ende solcher Konflikte kann dem Marxismus zufolge nur durch die gewaltsame Revolution des Proletariats wie der unterdrückten Staaten eintreten.

Die **Internationale Politische Ökonomie** fußt auf marxistischen Theorien. Auch sie geht von einem unüberbrückbaren Klassengegensatz im internationalen Maßstab aus: Die Akkumulation von Kapital, die sich im konfliktvollen Verhältnis von lohnabhängiger Arbeit und Eigentum an Produktionsmitteln entfaltet, setzt sich global fort. Das Weltsystem wird durch folgende Faktoren geprägt:

- Entwicklung des internationalen Wirtschaftssystems,
- Rolle der multi- und transnationalen Konzerne,
- Funktion des internationalen Finanz- und Bankenkapitals (z. B. Schuldenproblematik).

Hinzu kommen neue Konflikte und Akteure, internationale Aggressivität und innere Konflikte in der kapitalistischen Welt (↑ S. 176 ff.) nehmen zu. Ein Ende wird in dem Sieg der „fortschrittlichen" Kräfte gesehen.

Der politische **Realismus** beruht auf dem Prinzip der Macht und des Gleichgewichts der Mächte: Außenpolitik ist der Versuch, Macht zu erhalten, zu vermehren oder zu demonstrieren. Nationales Interesse und Ziel jeder staatlichen Politik ist letztlich Machterweiterung, internationale Politik also ein anarchisches System, geprägt vom Kampf um Macht.

Die Struktur des internationalen Systems ist für **Neorealisten** anarchisch, d. h., obwohl die UN-Charta als Ordnungsprinzip akzeptiert wird, fehlt eine übergeordnete Institution mit Sanktionsmöglichkeiten bzw. ist die UN keine solche. Strukturen des internationalen Systems werden daher nicht durch Normen und Regeln einer übergeordneten Institution, sondern durch die Beziehungen der Staaten zueinander (als „interacting units") gebildet. Eine Konfliktlösung zwischen den Staaten kann nur durch ein Gleichgewicht der Macht oder durch eine dauerhafte Veränderung der Staatenbeziehungen eintreten.

Der **Institutionalismus** geht dagegen davon aus, dass durch die Schaffung von Institutionen internationaler Art eine neue Qualität in die Beziehungen zwischen den Staaten gebracht werden kann. Internationale Normen (internationales Recht) sowie der Ausbau der UN zu einer „Weltregierung" könnten über die Herstellung neuer Beziehungsmuster zwischen den Staaten zur Integration des Staatensystems führen. Wachsende Kooperation der Staaten führe zur Konfliktaustragung auf dem Feld der Diplomatie statt auf dem Kriegsschauplatz.

Nach der **Zivilisierungstheorie** besteht die Ursache der internationalen Konflikte in Interessen- und Wertekonflikten. Struktureller Friede wäre Dieter Senghaas (*1940) zufolge dann erreicht, wenn eine dauerhafte friedliche Koexistenz zwischen kollektiven Akteuren bestünde und deren unvermeidbare Identitäts- und Interessenkonflikte mit hoher Wahrscheinlichkeit ohne Rückgriff auf oder Drohung mit Gewalt ausgetragen, d.h. „zivilisierte" Formen der Konfliktbearbeitung praktiziert würden.

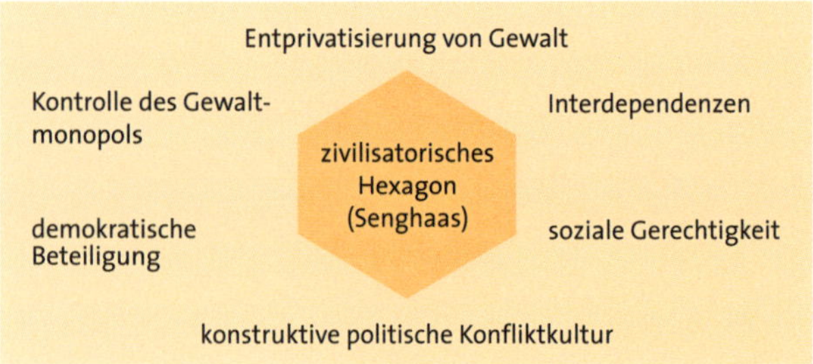

Nach der Sichtweise **postmoderner Theorien** beruhen internationale Konflikte auf Identitätskonflikten. Kollektive Identitäten wie das Zugehörigkeitsgefühl zu einer Ethnie führen danach zu Auseinandersetzungen. Identitätskonflikte können nur ihr Ende finden durch die Auflösung von Identitäten.

Modelle zukünftiger Weltordnung

Es sind unterschiedliche Ansätze ausgearbeitet worden, wie eine Weltordnung aussehen könnte, die zu mehr Frieden und Gerechtigkeit führt, die von verschiedenen Staaten konkret bei weltpolitischen Entscheidungen zugrunde gelegt werden.

Das **hegemoniale Weltordnungsmodell** der USA wird von vielen europäischen Staaten geteilt: Es ist als Reaktion auf die Terroranschläge in den USA 2001 wieder aktualisiert worden und geht davon aus, dass die USA als einzig verbliebene Weltmacht die Aufgabe haben, ohne Rücksicht auf internationale Zwänge Sicherheit wiederherzustellen und für stabile Verhältnisse in der Welt zu sorgen.

Dem stehen sogenannte **Global-Governance**-Ansätze („globales Regieren", „Weltordnungspolitik") als Weltordnungsmodell gegenüber: Demnach wird auf Dauer staatliche Souveränität ohnehin nicht mehr gegeben sein. Die Vielfalt der Staaten mit unterschiedlichen Interessen sei deshalb dauerhaft und schrittweise durch eine globale Rechtsordnung und durch Elemente von globaler Staatlichkeit abzulösen. Diese Entwicklung solle evtl. in der Schaffung eines Weltstaates münden.

Theorie des demokratischen Friedens

In vielen westlichen Weltordnungsvorstellungen spielt die Theorie des demokratischen Friedens eine wichtige Rolle. Sie geht von der These aus, dass demokratische Staaten der Erfahrung nach weniger in Kriege verwickelt seien als Diktaturen. Demokratisch und marktwirtschaftlich organisierte Gesellschaften hätten ein stärkeres Interesse an einer friedlichen Entwicklung als andere Systeme.

In der US-amerikanischen Außenpolitik spielt diese Theorie seit 1918 eine Rolle und wurde für Deutschland nach dem Zweiten Weltkrieg erfolgreich umgesetzt. Die politische Konsequenz besteht in der Etablierung demokratisch-marktwirtschaftlicher Systeme.

7.6 Globalisierung

Der Begriff der Globalisierung

Der Begriff der Globalisierung wird erst seit einigen Jahren benutzt. Er ist kaum abschließend definiert und wird unterschiedlich gebraucht. Die Globalisierung besitzt verschiedene Dimensionen, die aber nicht alle in jeder Definition enthalten sind.

Dimension	Merkmale
Kommunikation	– rasante Entwicklung der Telekommunikation (Internet u. a.) – Verbilligung der Kommunikation und des Transports – weltweite Kommunikationsnetze
Ökonomie	– Wegfall von Handelshemmnissen – starkes Wachstum des Welthandels – Vermehrung der multinationalen Konzerne und ihrer wirtschaftlichen Bedeutung – Verselbstständigung der Finanzmärkte
Politik	– Deregulierung (Abbau von Vorschriften) – Ausbau internationaler Kooperation – Rückgang der Handlungsfähigkeit der Nationalstaaten
Soziales	– Intensivierung von Migrationsbewegungen – Angleichung von Lohnstandards
Ökologie	– globale Ausmaße von Umweltgefährdungen (Ozonloch, Verlust der Wälder etc.) – Verschärfung von Umweltkonflikten
Kultur	– Verbreitung bestimmter kultureller Muster über elektronische Medien („Weltkultur“) – „McDonaldisierung“ der Gesellschaften – Kampf der Kulturen

Chancen und Gefahren der Globalisierung

Ein eng gefasster Globalisierungsbegriff geht vor allem von der technisch-ökonomischen Entwicklung aus, ein weiter versucht möglichst viele der Dimensionen zu integrieren. Nach Anthony Giddens (*1938) ist Globalisierung die „Intensivierung weltweiter sozialer Beziehungen“, die verstärkte Verbindung entfernter Orte auf der Welt und die Synchronisation der Ereignisse.

Chancen der Globalisierung	Gefahren der Globalisierung
Intensivierung der Kommunikation, weltweit	Beeinflussung durch internationale Medienkonzerne wächst
verbesserter Zugang zum Wissen	digitale Spaltung: Vertiefung der Kluft zwischen Besitzenden und Nichtbesitzenden von Kommunikationsmitteln
fortschreitende Arbeitsteilung und steigender Wohlstand	soziale Spaltung: 20-Prozent-Gesellschaft der Produktiven, Unterhaltung für die Nichtbeschäftigten
Schaffung neuer Arbeitsplätze durch technische Entwicklung	Vernichtung von Arbeitsplätzen durch Einsparungen und Verlagerungen
Verbesserung der technischen und ökonomischen Chancen	Auslieferung an wenige „Global Player“
Steigerung der internationalen politischen Kooperation und der Friedenssicherung	Verlust politischer Handlungsmöglichkeiten und demokratischer Errungenschaften
Fortschritte auf dem Weg zur Weltgesellschaft	Verlust von kultureller Identität und von Vielfalt der Kulturen, Verwestlichung

Globalisierungstheorien (Auswahl)

Dependenztheorien betrachten die Globalisierung von der Seite des Nationalstaats: Durch historische Beziehungen und Tauschmuster haben sich im Weltwirtschaftssystem eine Peripherie und ein Zentrum gebildet.

Die Länder in der Peripherie werden systematisch benachteiligt und sind von den Ländern im Zentrum wirtschaftlich abhängig. Die Entwicklungsländer produzieren hauptsächlich Grundstoffe (z. B. Rohstoffe und Agrarprodukte) und einfache Industrieprodukte (wie Textilien), und zwar zu stetig sinkenden Preisen. Die Industrieländer liefern hochtechnisierte Fertigprodukte zu ständig steigenden Preisen. Die Möglichkeiten der abhängigen Länder sind begrenzt, wenn sie sich nicht von dieser Entwicklung abkoppeln.

Globalismustheorien stellen den ökonomischen Fortschritt in den Mittelpunkt: Durch steigende und somit effizientere, internationale Arbeitsteilung kommt es insgesamt zu mehr Wachstum und Prosperität, auch für die ärmeren Länder. Diese Theorien beruhen auf dem klassischen Liberalismus. Der Abbau von Handelshemmnissen und nationalen Besonderheiten und Standards muss demnach forciert werden, damit die Kräfte des freien Marktes möglichst gut zur Wirkung kommen. Die Einzelstaaten haben ohnehin nur noch wenig Einfluss auf die Entwicklung und sollten sich ihr nicht entgegenstellen.

Manuel Castells (*1942) sieht die Globalisierung hauptsächlich als Konsequenz der Revolution der Informationsmedien und der für ihn damit verbundenen Vernetzung aller Systeme der Gesellschaft. Dadurch entsteht eine weltweit sich ausbreitende Logik der Netzwerke, die alle Lebensbereiche betrifft. Für die Individuen bleibt nur übrig, gegenüber der Vernetzung die persönliche Identität zu betonen.

Aus der soziologischen Sicht von **Ulrich Beck** (*1944) ist Globalisierung v. a. bestimmt durch das alltägliche Leben und Handeln in dichten Netzwerken, in hoher Abhängigkeit und mit wechselseitiger Verpflichtung über nationalstaatliche Grenzen hinweg. Außerdem ist sie bestimmt durch das Wegfallen örtlicher Gebundenheit von Gemeinschaft, Arbeit und Kapital. Die z. T. wachsenden politischen Möglichkeiten sollten zur Lenkung der Globalisierung genutzt werden. Besonders die Tendenz zur Individualisierung biete neue Chancen politischen Handelns.

Anthony Giddens (*1938) betrachtet die Globalisierung in ihrer politischen und ökonomischen Dimension: Dabei spielen für ihn die internationale Arbeitsteilung und militärische Allianzen eine besondere Rolle. Die Globalisierung bringe vielfältige Gefahren mit sich, u. a. für die Demokratie. Dennoch meint Giddens, dass die Politik die Globalisierung bejahen müsse, und empfiehlt eine soziale Politik im Umgang mit der für ihn nach ökonomischen Gesetzmäßigkeiten unausweichlich eintretenden Globalisierung.

Antonio Negri (*1933) sieht die Globalisierung vorrangig unter politischem Aspekt: Seine Theorie setzt beim Niedergang der Souveränität der Nationalstaaten an und stellt die Hypothese auf, dass Souveränität eine neue Form annimmt, in der nationale und internationale Organismen verbunden werden: das „Empire". Es besitzt kein territoriales Zentrum der Macht, sondern ist dezentral und arbeitet mit wechselnden Identitäten, Hierarchien und Netzwerken. Der Umgang mit dieser neuen Struktur kann für Negri nicht in einem frontalen Widerstand bestehen, sondern muss versuchen, positive Aspekte der Veränderungen im Sinne des Aufbaus neuer demokratischer Möglichkeiten zu nutzen, um mit dem Empire und über es hinaus in eine neue Gesellschaft zu wachsen.

Umweltpolitik

Das **globale Aktionsprogramm „agenda 21"** wurde von den UN 1992 für das 21. Jh. entwickelt. Es sieht eine nachhaltige Entwicklung vor, d. h., die Bedürfnisse der heute Lebenden müssen mit denen künftiger Generationen in Einklang gebracht werden. Dazu sollen die Industrieländer ihre umweltbelastende und ressourcenverbrauchende Lebensweise dauerhaft reduzieren. Entwicklungsländer sollen vorrangig die Armut bekämpfen, um eine nachhaltige Entwicklung zu erreichen.

Etappenziele

Weltkonferenz für Umwelt und Entwicklung, 1992 in Rio de Janeiro:

- völkerrechtlich verbindliche **Artenschutzkonvention**;
- Verabschiedung der **Klimarahmenkonvention**: Das dazu gehörige **Kyoto-Protokoll** (1997) ist ein zentraler Hebel globaler Klimaschutzpolitik. Es strebt eine Reduzierung der weltweiten Emissionen der wichtigsten Treibhausgase bis 2012 um 5 % gegenüber 1990 an. Viele Industriestaaten, besonders die USA, verfehlen allerdings das Kyoto-Ziel.
- **Vereinbarung von Umweltlizenzen** für den Handel mit Emissionsrechten als marktwirtschaftliches Instrument zur Erreichung der Klimaziele in der Weltwirtschaft.

Weltgipfel für nachhaltige Entwicklung, 2002 in Johannesburg:
Bislang (2007) wurden die angestrebten Vereinbarungen zum **Wasserproblem** nicht erreicht. Die bereits lange Reihe von Konferenzen, v. a. zum Thema der grenzüberschreitenden Flüsse und Seen, wird weiter fortgesetzt.

Entwicklungspolitik

Auf dem **Milleniumsgipfel** 2000 beschlossen die UN ein Aktionsprogramm, das dazu führen soll, bis 2015 den Anteil der extrem Armen an der Weltbevölkerung zu halbieren. Auch die Entwicklungspolitik orientiert sich zunehmend an dem Ziel der Nachhaltigkeit.

Strategien zur Armutsbekämpfung und zur Förderung einer nachhaltigen Entwicklung

Strategie	Grundgedanken
Grundbedürfnisstrategie	Sicherung eines Mindesteinkommens, damit die Bevölkerung ihre grundlegenden Bedürfnisse befriedigen kann.
Polarisierungsstrategie (fußend auf der Modernisierungstheorie)	Nachholen der Entwicklung der Industrieländer durch Initialzündung (Einschießen von Kapital, hochqualifizierten Arbeitskräften, Know-how), um „Entwicklungsinseln“, neue Mittelschichten etc. entstehen zu lassen.
Abkoppelungsstrategie (fußend auf der Dependenztheorie, ↑ S. 176)	Aussetzen der Beziehungen zu Industrieländern und Weltwirtschaft, bis eine solide selbsttragende Entwicklung möglich ist.
angepasste Entwicklung	Den konkreten Bedingungen vor Ort entsprechend soll eine Entwicklungsstrategie entwickelt werden. Technologie wird nur angepasst implementiert. Die Menschen entscheiden selbst, wie die Entwicklung verlaufen soll.

7

Weltwirtschafts- und Sozialpolitik

Auf diesen Politikfeldern haben sich zwei unterschiedliche Linien im Umgang mit der Globalisierung herausgebildet:

Weltwirtschafts- und Sozialgipfel im Vergleich

	Weltwirtschaftsgipfel (Weltwirtschaftsforum)	Weltsozialgipfel (Weltsozialforum)
Träger	Regierungschefs der wichtigsten Industriestaaten (G7 bzw. G8)	NGOs wie z. B. kirchliche Gruppen, Greenpeace, Attac
bekannte Konferenzen	Köln (1999), Genua (2001), danach weitere Konferenzorte	Kopenhagen (1995), Porto Alegre (2001, 2002, 2003)
Ziele	Förderung der Entwicklung der Weltwirtschaft	soziale Gestaltung der Weltwirtschaft
Strategien	▪ Förderung von Handel und weltwirtschaftlicher Entwicklung ▪ Abbau von Handelshemmnissen ▪ Liberalisierung der Weltwirtschaft ▪ Bekämpfung der Armut	▪ Festlegung von Sozialstandards ▪ Bekämpfung der Arbeitslosigkeit ▪ Bekämpfung von Diskriminierung und Ausgrenzung ▪ Bekämpfung der Armut
Mittel	▪ Treffen der Staats- und Regierungschefs ▪ internationale Vereinbarungen ▪ Aktionsprogramme	▪ Zusammenkünfte von NGOs mit Betroffenen ▪ Öffentlichkeitsarbeit ▪ Propagierung der Tobin-Steuer*

* Devisenumsatzsteuer auf alle Geldwechselgeschäfte im internationalen Rahmen zur Eindämmung von Devisenspekulation und zum Einsatz für die Armutsbekämpfung.

Globale Probleme

Armut und Unterentwicklung

Obwohl durch aktuelle politische und sicherheitspolitische Entwicklungen verdeckt, existiert nach wie vor das Problem von Armut und Unterentwicklung in der Welt. Mehr als vier Fünftel der in Entwicklungsländern lebenden Menschen stehen weniger als einem Fünftel der weltweit erzeugten Nahrungsmittel und Dienstleistungen zur Verfügung. Innerhalb dieser Länder verfügen 20% der Bevölkerung über 70% der Einkommen. 1,1 Mrd. Menschen sind obdachlos. 1,3 Mrd. haben keinen Zugang zu sauberem Trinkwasser. 2,3 Mrd. Menschen verfügen über keine sanitären Einrichtungen, etwa ein Drittel der Menschen im ökonomisch aktiven Alter sind arbeitslos. 800 Mio. Menschen leiden Hunger.

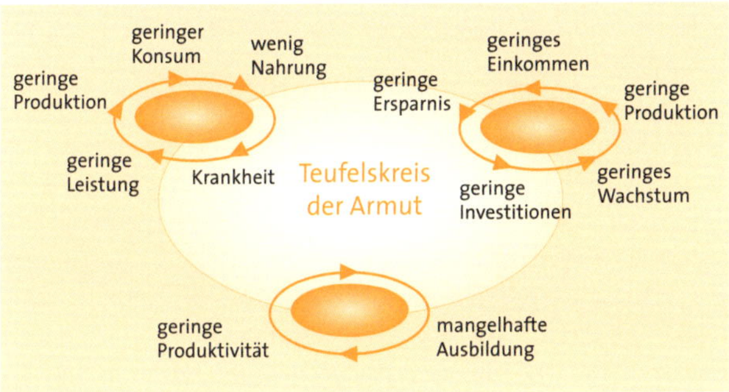

Entwicklungsländer

Entwicklungsländer lassen sich anhand unterschiedlicher Merkmale beschreiben. Doch nicht jedes Entwicklungsland weist jedes dieser Merkmale auf.

Zu den **politischen Merkmalen** zählen: politische Instabilität, autoritäre Regime, innerstaatliche bzw. innergesellschaftliche Konflikte, Überbleibsel kolonialer Vergangenheit.

7

Zu den **wirtschaftlichen Merkmalen** gehören: geringe wirtschaftliche Entwicklung, wirtschaftliche Abhängigkeit, hohe Arbeitslosigkeit, hohe Verschuldung des Landes, geringes Bruttosozialprodukt, Währungsschwankungen, großer Anteil der Landwirtschaft.

Zu den **sozialen Merkmalen** zählen: hohe Bevölkerungszahl, hohes Bevölkerungswachstum, niedriges Bildungsniveau schlechte medizinische Versorgung, hohe Anfälligkeit für Seuchen (u. a. Aids), niedrige Lebenserwartung, Unterernährung/Mangelernährung, ungleiche Besitz- und Einkommensverteilung.

Die **Vereinten Nationen** unterscheiden zwischen:
- less developed countries, LDC (weniger entwickelte Länder),
- least developed countries, LLDC (am wenigsten entwickelte Länder),
- most seriously affected countries, MSAC (am stärksten betroffene Länder).

Das **UNDP** (Entwicklungsprogramm der UN) nimmt eine differenzierte Gliederung nach dem HDI (↑ S. 125) vor.

Globale Ressourcenknappheit

Die natürlichen Ressourcen (Rohstoffe und Umweltgüter) sind nicht unbegrenzt verfügbar. Ein erhöhter Verbrauch natürlicher Ressourcen und die Verschärfung der damit verbundenen Umweltprobleme sind durch Industrialisierung, starkes Bevölkerungswachstum sowie ökologisch schädigende Lebensweise in den Ländern des Nordens und des Südens herbeigerufen worden. Besonders drastisch steigt der Energieverbrauch und damit auch der Verbrauch fossiler Rohstoffe.

Weltvorräte und Reichweite ausgewählter Rohstoffe*		
Rohstoff	**Weltvorräte (in Mio. t)**	**Reichweite**
Erdöl	146 587	45 Jahre
Erdgas	153 676 (Mrd. m^3)	75 Jahre
Steinkohle	1 212 774	200 Jahre
Braunkohle	728 562	230 Jahre
Uran	3 58 8 150	40 Jahre

* Stand 2000/2001

Globale Naturzerstörung

Zwischen der Globalisierung und der Verschärfung der globalen Naturzerstörung besteht ein unmittelbarer Zusammenhang.

Umweltproblem	Folgen und Gefährdungen
Erhöhung der CO_2-Emissionen und der Freisetzung weiterer Gase in die Atmosphäre	■ Erwärmung der Erde ■ klimatische Veränderungen und Überflutungsgefahr ■ Beeinträchtigung der Ozonschicht mit Krankheitsrisiken
Zerstörung der großen Wälder	■ Veränderung der Atmosphäre ■ Zerstörung der Lebensgrundlagen ■ Zunahme der Bodenerosion ■ Verlust der biologischen Vielfalt ■ Verlust wertvoller Ressourcen
Beeinträchtigung der Meere durch Schadstoffeintrag Übermäßige Ausbeutung der Süßwasservorkommen	■ Gefährdung der Nahrungsgrundlagen ■ Veränderung der Atmosphäre ■ Verlust der biologischen Vielfalt ■ Desertifikation (Verwüstung) ■ Bedrohung regionaler Stabilität durch Streit um knappe Wasservorkommen
Übernutzung der Böden	■ Gefährdung der Nahrungsgrundlagen ■ Verlust von Anbauflächen

Referat

Das Referat informiert eine Zuhörerschaft mündlich über einen Sachverhalt. Trotzdem können Referate auch schriftlich ausgearbeitet und durch ein **Handout** oder **Thesenpapier** ergänzt werden. Jedes Referat hat ein **Thema**, das auf einem Informationsinteresse beruht.

Grundüberlegungen und Leitfragen zur Vorgehensweise

In welchem Zusammenhang steht das Referat?

- Was genau ist das Thema des Referats?
- In welchem Zusammenhang steht das Thema?
- Welches Informationsinteresse steht hinter dem Thema (z. B. knappe Information über die wichtigsten Merkmale)?
- An welche Zuhörerschaft ist das Referat gerichtet? (Welche Informationen können vorausgesetzt werden, welche helfen weiter? Was erwarten meine Zuhörer von mir?)

Tipps zur Recherche

- Welche Informationsmöglichkeiten (z. B. das Internet) passen wirklich zum Thema?
- Welche Informationsquellen sind verlässlich und weiterführend? (Autor und Quelle geben Anhaltspunkte)
- Welche Informationen sind wichtig, welche stellen nur uninteressante Details dar?
- Ist meine Informationssammlung auch keine Datensammlung (z. B. von ausgedruckten Internetseiten)?
- Bildet sich bei der Informationssammlung ein Raster? Zu welchen Aspekten fehlen noch Informationen?
- Welche Punkte sind noch offen und ungeklärt?

Speicherung der Informationen

Informationen müssen festgehalten werden, um sie für den mündlichen Vortrag aufbereiten zu können. Bewährt haben sich **Zettelkästen** (auch elektronische), in denen zu den wichtigen Aspekten des Themas Exzerpte gesammelt werden. Jeder Zettel braucht eine Überschrift (z. B. „Folgen der Arbeitslosigkeit für den Einzelnen") und sollte neben dem Exzerpt auch eine genaue Angabe der Fundstelle enthalten, damit bei Bedarf noch einmal nachgesehen oder auf eine Literaturangabe verwiesen werden kann. Das **Exzerpt** besteht aus einer wörtlichen Wiedergabe oder genauen Zusammenfassung der Informationen.

Schriftliche Gliederung

Mit dem Ordnen der Zettel beginnt die Zusammenstellung der Informationen für den Aufbau des Referats. Jetzt sollte man sich noch einmal vergewissern, was das Thema ist. Eine schriftliche Gliederung eignet sich u. U. auch als Folie zur Orientierung während des Referats:

- **Einführung**
  Das Thema muss genannt werden. Der Zusammenhang mit anderen Informationen sollte hergestellt, das Informationsinteresse kann kurz beleuchtet werden. Knapp kann gesagt werden, was die Zuhörer erwartet (z. B. Ausgabe des Handout nach dem Referat usw.).
- **Hauptteil**
  Die Informationen werden präsentiert, sodass sie der Zuhörerschaft unmittelbar deutlich werden.
- **Schluss**
  Das Referat wird in den Zusammenhang des Unterrichts gestellt, ggf. mit weiteren Informationsmöglichkeiten.

Präsentation

Das Referat ist eine Präsentationsform und muss durch Medien anschaulich gemacht werden:
- Folien,
- Tafelanschrieb,
- große Bilder und Plakate,
- Grafiken usw.

Handouts, Thesenpapiere und Übersichten können die Information ergänzen bzw. festigen.

Facharbeit

In der Facharbeit werden Informationen in schriftlicher Form aufbereitet. Bei der Facharbeit soll die Fähigkeit gezeigt werden, ein Thema zu finden und mit wissenschaftlichen Mitteln auszuarbeiten.

Formulierung des Themas

Die Themenfindung ist eine der schwierigsten Phasen der Facharbeit. Das Thema soll präzise formuliert und deutlich eingegrenzt sein.
Leitfragen sind:
- Welche Informationen habe ich bereits zum Thema? Welche Quellen kenne ich bereits?
- Lässt sich das so formulierte Thema von mir in der vorgegebenen Zeit erschöpfend bearbeiten?

Die Arbeit mit Quellen

In der Facharbeit ist die Arbeit mit den Quellen wesentlich wichtiger als im Referat. Dabei gelten Regeln zum wissenschaftlichen Zitieren:

- Jede Übernahme aus der Quelle muss kenntlich gemacht werden. Fremde Gedanken dürfen nicht verändert und verfälscht werden. Man kann und soll sich jedoch kritisch oder interpretierend mit ihnen auseinandersetzen.
- Zusammenfassungen von Aussagen aus anderen Texten müssen durch einen Hinweis auf die Quelle belegt werden.
- Wörtliche Zitate (ohne die man an wichtigen Stellen nicht auskommt) müssen durch Zitatstriche und Angaben nach den Zitierregeln kenntlich gemacht werden.
- Insgesamt soll in der Argumentation der Facharbeit deutlich werden, wie sich die Auseinandersetzung mit dem Thema in eine (wissenschaftliche) Tradition stellt, wie ihre Grundlagen (und Methoden) abgesichert sind und dass sie auf dieser Grundlage Neues entdecken und bearbeiten kann.

Qualitäts- und Bewertungskriterien für Facharbeiten

- Das Thema ist sinnvoll eingegrenzt und vollständig erfasst.
- Es werden die wichtigen Informationen zum Thema gegeben.
- Die Argumentation ist sinnvoll gegliedert.
- Es wird zwischen Wichtigem und Unwichtigem unterschieden. Es liegt eine entsprechende Gewichtung vor.
- Die Quellen werden vollständig benannt und es wird richtig zitiert.
- Der Verfasser/die Verfasserin kann auf Nachfragen präzise Auskunft geben und ihre eigene Argumentation erklären.

1 Der Prüfungsstoff

Das politische und soziale System Deutschlands

Das Grundgesetz – die Verfassung der Bundesrepublik
- Grundrechte: Menschen- und Bürgerrechte ↑ S. 8 ff.
- Freiheits-, Gleichheits-, Unverletzlichkeits- und Verfahrensrechte ↑ S. 10 f.
- Merkmale des Rechtsstaats und des Sozialstaats ↑ S. 12 ff.

Politische Meinungs- und Willensbildung
- Akteure: Parteien, Medien und Interessenverbände ↑ S. 15 ff.
- Wahlen und Wahlrecht ↑ S. 20 f.
- Möglichkeiten der Bürgerbeteiligung ↑ S. 22 f.

Verfassungsorgane im föderalen Deutschland
- Bundestag, Bundesregierung, Bundesrat ↑ S. 24 ff.
- Bundespräsident ↑ S. 31
- Bundesverfassungsgericht ↑ S. 32 f.
- Vor- und Nachteile des Föderalismus ↑ S. 30
- Zusammenwirken der Verfassungsorgane ↑ S. 35

Sozialstaat Deutschland
- Aspekte und Theorien sozialer Gerechtigkeit ↑ S. 127 f.
- verfassungsrechtliche Verankerung und Ziele von Sozialpolitik ↑ S. 126, 129
- Leistungen des sozialen Netzes ↑ S. 132 ff.
- Renten-, Kranken- und Arbeitslosenversicherung als Grundpfeiler sozialer Sicherung ↑ S. 134 ff.
- Modelle des Wohlfahrtsstaats ↑ S. 144 ff.

Europäische Union (EU)

Organe der EU und ihre Aufgaben
- Europäischer Rat ↑ S. 45
- Europäisches Parlament ↑ S. 46 ff.
- Europäische Kommission ↑ S. 49 f.
- Ministerrat ↑ S. 51 f.
- Europäischer Gerichtshof ↑ S. 52 f.

Stationen der europäischen Integration ↑ S. 37–41

Vertrag von Lissabon ↑ S. 55 f.

Politikfelder und Ziele
- Gemeinsame Außen- und Sicherheitspolitik ↑ S. 41 f.
- Gemeinsame Agrarpolitik ↑ S. 43
- Regionalpolitik der EU ↑ S. 43 f.
- Beschäftigungspolitik, Sozialpolitik, Umweltpolitik und Forschung ↑ S. 42, 44

Was kann drankommen?[1]

Gesellschaft und Gesellschaftsanalyse

Individuum und Gesellschaft ↑ S. 59–61

Modelle und Theorien zur Gesellschaftsanalyse ↑ S. 62–67

Gesellschaftlicher Wandel
- Bevölkerungsentwicklung ↑ S. 68 f.
- soziale Ungleichheit und soziale Mobilität ↑ S. 69 f.

Internationale Beziehungen

Völkerrecht ↑ S. 150 f.

Wichtige internationale Organisationen
- UN ↑ S. 148 f., 155 ff.
- WTO, Weltbank und IWF ↑ S. 158 ff.
- NATO, OSZE ↑ S. 162 ff.

Konflikte und Konfliktregelung
- „klassische" und „neue" Kriege ↑ S. 166
- Terrorismus ↑ S. 168 f.
- Theorien der Konfliktregelung ↑ S. 170–173

Globalisierung ↑ S. 174–180

Wirtschaft und Wirtschaftspolitik

Nachfrage- und angebotsorientierte Wirtschaftspolitik
- Keynesianismus ↑ S. 94 f.
- Neoklassik und Monetarismus ↑ S. 96 f.

Geldpolitik
- Grundlagen ↑ S. 108–111
- Stabilitätspolitik in der EU ↑ S. 112 ff.

Grundlagen einer Volkswirtschaft
- Marktwirtschaft und Zentralverwaltungswirtschaft ↑ S. 77 ff.
- Wirtschaftskreislauf und Preisbildung ↑ S. 80–83
- Wettbewerb: Leistung, Funktionen, Wettbewerbsbeschränkung und -sicherung ↑ S. 84–87

Konjunktur und Arbeitsmarkt
- Wirtschaftswachstum und Konjunkturzyklen ↑ S. 98 f.
- Konjunkturpolitik und Konjunkturtheorien ↑ S. 100–103
- Erwerbstätigkeit und Arbeitslosigkeit ↑ S. 104 f.
- Steuerung des Arbeitsmarktes ↑ S. 106 f.

Grundlagen der Wirtschaftspolitik
- Markt, Staat Steuern ↑ S. 90
- Stabilität und Wachstum als wesentliche Ziele der Wirtschaftspolitik (magisches Viereck) ↑ S. 92
- weitere Ziele und Zielkonflikte ↑ S. 93

[1] Diese Darstellung bildet eine Schnittmenge der möglichen Prüfungsinhalte ab, vereinzelt kann Prüfungsstoff hinzukommen oder ein Teil des hier abgebildeten entfallen.

2 Die Klausur

2.1 Inhalt und Aufbau einer Klausur

Im Fach Politik/Wirtschaft (Sozialkunde, Politische Weltkunde, Gemeinschaftskunde) bilden meist Materialien, z. B. Texte, Statistiken, Karikaturen oder Grafiken, die Grundlage für die Aufgabenstellung in den Klausuren und in der schriftlichen Abiturprüfung.
Die **Aufgabenstellung**
- ist meist mehrgliedrig und
- verlangt mehrere Interpretationsschritte.

Die Teilaufgaben lassen sich im Allgemeinen **drei** unterschiedlichen **Anforderungsbereichen (AFB)** zuordnen, wobei es einen relativen Schwerpunkt im AFB II gibt, in dem der Untersuchungsgegenstand analysiert werden muss. Je nach Anforderungsbereich werden unterschiedliche Leistungen erwartet.

Die Anforderungsbereiche werden bei der Bewertung der Klausur verschieden gewichtet. Die allgemein üblichen Gewichtungen können der folgenden Übersicht entnommen werden. Je nach Vorgaben für das Zentralabitur, Fachbereichsbeschluss oder Schwierigkeitsgrad der Klausur kann es hier zu Abweichungen kommen.

Anforderungsbereiche (AFB)

Anforderungsbereich	Bedeutung	Anteil
AFB I: Reproduktion	Wiedergeben und Darstellen von fachspezifischen Sachverhalten aus einem thematisch abgegrenzten Bereich	30%

Anforderungs-bereich	Bedeutung	Anteil
AFB II: Reorganisation und Transfer	Selbstständiges Erklären, Bearbeiten und Ordnen bekannter fachspezifischer Inhalte sowie das Anwenden gelernter Inhalte und Methoden auf andere Inhalte	40%
AFB III: Reflexion und Problemlösung	Reflexiver Umgang mit den Erkenntnissen, Problemen, Methoden, um dadurch zu Folgerungen, Beurteilungen und Handlungsoptionen zu gelangen	30%

Es bedarf 45% der möglichen Punktzahl, um vier Notenpunkte zu erhalten. Werden ausschließlich Aufgaben aus dem AFB I gelöst, kann eine Prüfung somit nicht bestanden werden. Erst mit Erreichen von mindestens 75% der möglichen Punktzahl liegt eine gute Leistung vor, die mit zehn Notenpunkten bewertet wird. Auch wenn alle Aufgaben aus dem AFB I und dem AFB II gelöst werden (i. d. R: zusammen 70%), kann daher keine gute oder sehr gute Leistung erlangt werden. Für eine solche Leistung müssen Teilaufgaben aus dem AFB III beantwortet werden.

2.2 Die Operatoren

Aus den Aufgabenstellungen einer Klausur geht die Art der geforderten Leistung hervor. Die Aufgaben werden i. d. R. mithilfe von sog. Operatoren formuliert. Das sind **Arbeitsanweisungen**, denen drei Anforderungsbereiche entsprechen.

Nicht immer ist die Zuordnung zu den Anforderungsbereichen eindeutig. Sie hängt z. B. vom Schwierigkeitsgrad des

Materials ab. So kann ein Operator, der meist dem Anforderungsbereich I zugeordnet ist, auch mal dem Anforderungsbereich II entsprechen. Grundsätzlich gilt jedoch, dass es wichtig ist, auf den genauen Wortlaut der Arbeitsanweisung zu achten, um exakt die geforderte Leistung zu erbringen und damit die höchstmögliche Punktzahl zu erreichen.

Anforderungsbereich I: Reproduktion

Operator	Bedeutung
Zählen Sie ... auf *Nennen Sie ...* *Geben Sie ... wieder* *Fassen Sie ... zusammen*	Kenntnisse (Fachbegriffe, Daten, Fakten, Modelle) und Aussagen in komprimierter Form unkommentiert darstellen
Benennen Sie ... *Bezeichnen Sie ...*	Sachverhalte, Strukturen und Prozesse begrifflich präzise aufführen
Beschreiben Sie ... *Legen Sie ... dar* *Stellen Sie ... dar* *Skizzieren Sie ...*	Wesentliche Aspekte eines Sachverhaltes im logischen Zusammenhang unter Verwendung der Fachsprache wiedergeben

Anforderungsbereich II: Reorganisation und Transfer

Operator	Bedeutung
Analysieren Sie ...	Materialien oder Sachverhalte mithilfe politik- und wirtschaftswissenschaftlicher Kategorien erschließen, in systematische Zusammenhänge einordnen und Hintergründe und Beziehungen herausarbeiten
Werten Sie ... aus	Daten oder Einzelergebnisse zu einer abschließenden Gesamtaussage zusammenführen

Operator	Bedeutung
Charakterisieren Sie …	Sachverhalte in ihren Eigenarten beschreiben und diese dann unter einem bestimmten Gesichtspunkt zusammenführen
Ordnen Sie … ein	Eine Position zuordnen oder einen Sachverhalt in einen Zusammenhang stellen
Erklären Sie …	Sachverhalte in einen Zusammenhang (z. B. in eine Theorie, in ein Modell) einordnen und deuten
Erläutern Sie …	Sachverhalte in einen Zusammenhang einordnen, deuten und durch zusätzliche Informationen und Beispiele verdeutlichen
Arbeiten Sie … heraus *Ermitteln Sie …* *Erschließen Sie …*	Aus Materialien bestimmte Sachverhalte herausfinden, auch wenn sie nicht explizit genannt werden, und Zusammenhänge zwischen ihnen herstellen
Interpretieren Sie …	Sinnzusammenhänge aus Materialien erschließen
Vergleichen Sie …	Sachverhalte gegenüberstellen, um Gemeinsamkeiten, Ähnlichkeiten und Unterschiede herauszufinden
Widerlegen Sie …	Argumente anführen, dass eine Behauptung, ein Konzept o. Ä. nicht haltbar ist

Anforderungsbereich III: Reflexion und Problemlösung

Operator	Bedeutung
Begründen Sie …	Zu einem Sachverhalt Argumente unter dem Aspekt der Kausalität schlüssig entwickeln

Operator	Bedeutung
Beurteilen Sie …	Den Stellenwert von Sachverhalten oder Prozessen in einem Zusammenhang bestimmen, um anhand von politik- und wirtschaftswissenschaftlichen Kategorien zu einem begründeten Sachurteil zu kommen
Entwerfen Sie …	Ein Konzept in seinen wesentlichen Zügen erstellen
Bewerten Sie … *Nehmen Sie Stellung …*	Den Stellenwert von Sachverhalten in einem Zusammenhang bestimmen und unter Einbeziehung persönlicher Wertmaßstäbe zu einem Werturteil gelangen
Entwickeln Sie …	Zu einem Sachverhalt oder zu einer Problemstellung ein konkretes Lösungsmodell oder eine Gegenposition begründend skizzieren
Erörtern Sie …	Zu einer vorgegebenen Problemstellung eine reflektierte, kontroverse Auseinandersetzung führen und zu einer abschließenden, begründeten Bewertung gelangen
Gestalten Sie …	Eine eigene Rede, einen eigenen Handlungsvorschlag, ein Modell, ein Szenario oder ein mediales Produkt entwickeln
Problematisieren Sie …	Widersprüche herausarbeiten, Positionen oder Theorien begründend hinterfragen
Prüfen Sie … *Überprüfen Sie …*	Sachverhalte, Vermutungen oder Hypothesen auf der Grundlage eigener Kenntnisse oder mithilfe der zur Verfügung gestellten Materialien auf sachliche Richtigkeit bzw. auf ihre innere Logik hin untersuchen
Setzen Sie sich mit … auseinander *Diskutieren Sie …*	Zu einem Sachverhalt oder Konzept, zu einer Problemstellung oder einer These eine Argumentation entwickeln, die zu einer begründeten Bewertung führt

3 Thematische Prüfungsaufgaben

Im folgenden Kapitel sind zu den verschiedenen Unterrichtsthemen Prüfungsaufgaben von unterschiedlichem Schwierigkeitsgrad (↑ S. 190 f.) zusammengestellt. Sie dienen der gezielten Vorbereitung und insbesondere dem Umgang mit fachtypischen Klausurformulierungen, den Operatoren (↑ S. 191–194).

Seitenverweise geben, sofern möglich, Hinweise zu den Lösungen, die hier nicht dargestellt werden. Vollständige Musterlösungen von Aufgaben sind bei den Online-Klausuren (↑ S. 3) zu finden.

3.1 Prüfungsaufgaben zum politischen System Deutschlands

Anforderungsbereich I

- Beschreiben Sie, was unter parlamentarischer Demokratie zu verstehen ist. (↑ S. 6)
- Stellen Sie das Prinzip der Gewaltenteilung dar und führen Sie Beispiele an. (↑ S. 6)
- Skizzieren Sie den Aufbau des Grundgesetzes. (↑ S. 8)
- Beschreiben Sie den Unterschied zwischen Menschen- und Bürgerrechten. (↑ S. 9)
- Geben Sie wichtige Stationen in der historischen Entwicklung der Grundrechte wieder. (↑ S. 10)
- Bezeichnen Sie die Staatsform Deutschlands. (↑ S. 11 f.)
- Legen Sie die Staatsstrukturprinzipien dar. (↑ S. 12–14)
- Führen Sie Beispiele für das soziale Handeln des Staates auf. (↑ S. 13)
- Beschreiben Sie die wesentlichen Merkmale eines Bundesstaats. (↑ S. 14)
- Nennen Sie die Akteure im politischen System. (↑ S. 15–19)

- Nennen Sie die Funktionen und Aufgaben von Parteien im politischen System der Bundesrepublik Deutschland. (↑ S. 15)
- Beschreiben Sie das deutsche Parteiensystem. (↑ S. 15)
- Beschreiben Sie das Wahlsystem bei den Bundestagswahlen. (↑ S. 20 f.)
- Geben Sie die möglichen Formen der Bürgerbeteiligung wieder. (↑ S. 22 f.)
- Skizzieren Sie das Gesetzgebungsverfahren. (↑ S. 25)
- Geben Sie wieder, was der Begriff Dualismus bezeichnet. (↑ S. 26)
- Beschreiben die den Begriff der Koalitionsräson. (↑ S. 28)
- Führen Sie die Grundfunktionen des Bundestages auf. (↑ S. 26)
- Benennen Sie die Verfassungsorgane (↑ S. 24–34) und stellen Sie ihr Zusammenwirken dar. (↑ S. 35)

Anforderungsbereich II

- Erklären Sie, weshalb unsere Demokratie als wehrhaft bezeichnet wird. (↑ S. 7)
- Ordnen Sie die ersten 19 Artikel des Grundgesetzes danach ein, ob der jeweilige Artikel Freiheits-, Gleichheits-, Unverletzlichkeits- oder Verfahrensrechte garantiert. (↑ S. 9 f.)
- Erläutern Sie an einem Beispiel den Aufbau von Parteien. (↑ S. 16 f.)
- Vergleichen Sie das Prinzip der Mehrheits- und der Verhältniswahl. Verdeutlichen Sie Ihre Ausführungen mit selbst gewählten Beispielen aus anderen Staaten.
- Erläutern Sie, weshalb die Medien als vierte Macht bezeichnet werden. Führen Sie dazu auch die Aufgaben der Medien an. (↑ S. 18)
- Interpretieren Sie die Bezeichnung Deutschlands als eines Verbändestaates. (↑ S. 19)
- Arbeiten Sie das Spannungsverhältnis zwischen der Frak-

tionsdisziplin und dem freien Mandat von Abgeordneten heraus. (↑ S. 24 f.)

- Ermitteln Sie mögliche Vor- und Nachteile der Mitwirkung des Bundesrates am Gesetzgebungsprozess.
- Erläutern Sie anhand von Beispielen die Kontrollinstrumente des Bundestages. (↑ S. 26)
- Erklären Sie unter Bezugnahme auf das Grundgesetz der Bundesrepublik Deutschland das Kompetenzgefüge von Demokratie, Föderalismus und Rechtsstaatlichkeit im Bund und in den Ländern.
- Vergleichen Sie die Vor- und Nachteile des deutschen Föderalismus. Führen Sie für beide Seiten Beispiele an. (↑ S. 30)
- Arbeiten Sie anhand der Bestimmungen im Grundgesetz das Spannungsverhältnis von Kanzlerprinzip (Art. 65 Abs. 1 GG) und Ressortprinzip (Art. 65 Abs. 2 GG) heraus. (↑ S. 25 f.)
- Erklären Sie, weshalb das Bundesverfassungsgericht als Ersatzgesetzgeber bezeichnet wird und führen Sie ein Beispiel für diese Funktion an. (↑ S. 33)

Anforderungsbereich III

- Erörtern Sie, ob eine Demokratie die Möglichkeit eines Parteiverbots benötigt. (↑ S. 7, ↑ S. 15 f.)
- Beurteilen Sie die Angemessenheit eines NPD-Verbots. Führen Sie sowohl Pro- als auch Kontraargumente an.
- Diskutieren Sie folgende Aussage: „Im Grundgesetz stehen Freiheits- und Gleichheitsrechte in einem inneren Spannungsverhältnis."
- Setzen Sie sich mit der Frage auseinander, welches Wahlrecht (Mehrheits- oder Verhältniswahlrecht) gerechter und welches effizienter ist.
- Beurteilen Sie unter den Gesichtspunkten der Gerechtigkeit und der Effizienz die 5%-Sperrklausel bei der Bundestagswahl. (↑ S. 21)

- Setzen Sie sich mit der Frage auseinander, ob wir auf der Bundesebene in Sachfragen Instrumente direkter Demokratie benötigen. Berücksichtigen Sie hierbei auch die Gesichtspunkte der Legitimität von Entscheidungen und der Effizienz von Entscheidungsprozessen. (↑ S. 22f.)
- Diskutieren Sie, ob direktdemokratische Instrumente ein Mittel gegen Parteien- oder Politikverdrossenheit darstellen.
- Nehmen Sie zu der These „Plebiszite – eine Chance für die Demokratie" Stellung.
- Bewerten Sie die Aussage, die Fraktionsdisziplin beschränke das freie Mandat zu stark.
- In der politischen Auseinandersetzung wird gelegentlich mit dem „Gang nach Karlsruhe" gedroht. Erläutern und beurteilen Sie diese Entwicklung.
- Der Bundesrat – so lautet ein viel geäußerter Vorwurf – sei zu einer Blockadekammer verkommen. Problematisieren Sie, ob und inwiefern das Wirken des Bundesrates hemmend oder nützlich für unsere Demokratie ist.
- Nehmen Sie zu der These, Helmut Kohl und Gerhard Schröder hätten das Instrument des konstruktiven Misstrauensvotums missbraucht, Stellung. (↑ S. 28)
- Bundespräsident Horst Köhler wird von einigen Politikern vorgeworfen, er mische sich zu sehr in die politische Diskussion ein. Problematisieren Sie die Rolle des Bundespräsidenten. (↑ S. 31)

3.2 Prüfungsaufgaben zur Europäischen Union

Anforderungsbereich I

- Legen Sie dar, weswegen die Europäische Union (EU) als Staatenverbund bezeichnet wird. (↑ S. 36)
- Stellen Sie dar, welche Ziele mit der Gründung der EU verbunden waren und sind. (↑ S. 37)

- Nennen Sie die Beitrittskriterien für Staaten, die Mitglied der EU werden wollen. (↑ S. 38)
- Geben Sie die wichtigen Stationen des europäischen Integrationsprozesses wieder. (↑ S. 38–41)
- Zählen Sie die drei Säulen der EU nach dem Vertrag von Maastricht auf und nennen Sie Beispiele für Politikbereiche, die diesen Säulen zuzuordnen sind. (↑ S. 41)
- Stellen Sie anhand ausgewählter Beispiele Aufgaben der EU dar. (↑ S. 41–44)
- Skizzieren Sie die Gemeinsame Agrarpolitik. (↑ S. 43)
- Beschreiben Sie die vorrangigen Ziele der EU-Regionalpolitik. (↑ S. 44)
- Benennen Sie die Organe der EU. (↑ S. 45–54)
- Skizzieren Sie die Stellung des Europäischen Parlaments in der EU (↑ S. 46). Gehen Sie dabei auf seine Zusammensetzung, Arbeitsorganisation und Befugnisse ein.
- Beschreiben Sie die Bedeutung der Europäischen Kommission für die EU. Führen Sie dazu die Zusammensetzung, Arbeitsorganisation und ihre Kompetenzen auf. (↑ S. 49 f.)
- Stellen Sie den Ministerrat dar. Gehen Sie dabei auf seine Zusammensetzung, Arbeitsorganisation und seine Kompetenzen ein. (↑ S. 51)
- Stellen Sie Zusammensetzung und Kompetenzen des Europäischen Gerichtshofes dar. (↑ S. 53)
- Skizzieren Sie die Gesetzgebung im Mitentscheidungsverfahren. (↑ S. 48)
- Beschreiben Sie das Subsidiaritätsprinzip. (↑ S. 56)

Anforderungsbereich II

- Ordnen Sie folgende Organe in supranational oder intergouvernemental ein: Europäischer Rat, Rat der Europäischen Union, Europäische Kommission, Europäisches Parlament, Europäischer Gerichtshof. (↑ S. 36, 45–54)

- Vergleichen Sie die Grundrichtungen der europäischen Integration miteinander. Führen Sie selbst gewählte Beispiele an. (↑ S. 37)
- Analysieren Sie anhand der Bezeichnungen „Europäische Gemeinschaft für Kohle und Stahl“ (EGKS), „Europäische Wirtschaftsgemeinschaft“ (EWG), „Europäische Gemeinschaft“ (EG) und „Europäische Union“ (EU) das jeweils zugrunde liegende Selbstverständnis der Gemeinschaft. (↑ S. 38–41)
- Vergleichen Sie den Föderalismus der EU mit dem Föderalismus Deutschlands.
- Erklären Sie die Gesetzgebung in der EU. (↑ S. 45–55)
- Erläutern Sie folgende Aussage: „Das Recht der Europäischen Union bricht das Recht der Mitgliedstaaten.“ Stellen Sie unterstützend die Hierarchie der Rechtsnormen visualisiert dar. (↑ S. 53)
- Arbeiten Sie das Zusammenwirken der EU-Organe heraus. (↑ S. 56)
- Das Europäische Parlament ist das einzig direkt gewählte und somit unmittelbar legitimierte Organ der EU. Während 1979 noch 62,4 % der Wahlberechtigten zur Wahl gingen, sank die Wahlbeteiligung seitdem kontinuierlich auf 45,7 % bei der Wahl 2004. Interpretieren Sie mögliche Ursachen für diese niedrige Wahlbeteiligung.
- Erklären Sie die Bedeutung des Vertrages von Lissabon für die Entwicklung der EU. (↑ S. 55)

Anforderungsbereich III

- Setzen Sie sich mit der Frage auseinander, ob die Türkei Mitglied der EU werden soll. Berücksichtigen Sie dabei den Acquis communautaire. (↑ S. 38)
- Überprüfen Sie die Aussage „Das Europäische Parlament ist ein Beispiel für das Demokratiedefizit in der Europäischen Union“. (↑ S. 46–48)

- Erörtern Sie die viel zitierte Aussage, dass Deutschland als Mitglied der EU „nur noch eingeschränkt regierungsfähig“ sei.
- Einer der Streitpunkte in der Debatte um die Gestaltung einer europäischen Verfassung bestand darin, ob ein Gottesbezug in der Verfassung verankert werden oder eine klare Trennung von Kirche und Staat herrschen solle. Nehmen Sie zu dieser Diskussion Stellung.
- Die Präambel des Verfassungsentwurfs sprach von einem in Vielfalt geeinten Europa. Experten sind der Meinung, dass das nur möglich sei, wenn die Bürgerinnen und Bürger eine moderne europäische Identität entwickeln. Dieser Prozess würde jedoch durch Strukturdefizite wie eine fehlende europäische Öffentlichkeit, die Sprachenvielfalt, eine geringe Ausprägung kollektiver Symbole, eine stabile nationale und regionale Identität sowie eine Demokratie- und Legitimationsschwäche der EU behindert. Entwickeln Sie Vorschläge, wie die Ausbildung einer europäischen Identität gefördert werden kann.
- Nach ablehnenden Referenden zur europäischen Verfassung ratifizierten Frankreich und die Niederlande den Verfassungsentwurf nicht. Daraufhin gab es eine öffentliche Debatte um die Zukunft der EU. Diskutieren Sie mögliche Zukunftsszenarien der EU – Europäischer Bundesstaat, Staatenverbund, Europa der Regionen, Modell der differenzierten Integration.
- Erörtern Sie, ob die EU eine Verfassung benötigt oder nicht.
- Entwerfen Sie unter Berücksichtigung der vorliegenden Materialien ein Modell für ein föderal geprägtes Europa. Diskutieren Sie dabei mögliche Strukturprinzipien und beleuchten Sie die Frage, wie eine europäische Identität gefördert werden könnte.
- Bewerten Sie die wesentlichen Unterschiede zwischen dem Verfassungsentwurf und dem Vertrag von Lissabon.

3.3 Prüfungsaufgaben zu Gesellschaft und Gesellschaftsanalyse

Anforderungsbereich I

- Fassen Sie zusammen, was unter Sozialisation zu verstehen ist. (↑ S. 59)
- Skizzieren Sie die Sozialisationsphasen und -instanzen. (↑ S. 59)
- Nennen Sie Merkmale von Gruppen. (↑ S. 60)
- Geben Sie wieder, was unter Werten zu verstehen ist. Führen Sie Beispiele für Pflicht- und Akzeptanz- sowie für Selbstentfaltungswerte an. (↑ S. 61)
- Beschreiben Sie den Unterschied zwischen Werten und Normen. Führen Sie für beides selbst gewählte Beispiele an. (↑ S. 61)
- Stellen Sie dar, was der Soziologe Helmut Klages unter Wertewandel versteht. (↑ S. 61)
- Beschreiben Sie, was unter einer sozialen Lage verstanden wird. (↑ S. 63)
- Der Soziologe Rainer Geißler hat ein Modell zur sozialen Schichtung der westdeutschen Bevölkerung vorgelegt. Stellen Sie anhand des Modells dar, was unter sozialer Schicht verstanden wird. (↑ S. 64 f.)
- Skizzieren Sie den Begriff der sozialen Milieus anhand dreier selbst gewählter Beispiele. (↑ S. 66 f.)
- Beschreiben Sie den Unterschied zwischen sozialer Lage, sozialer Schicht und sozialen Milieus. (↑ S. 63–67)
- Zählen Sie Aspekte sozialer Ungleichheit auf. (↑ S. 69)
- Beschreiben Sie den Unterschied zwischen sozialer und territorialer Mobilität. (↑ S. 71)
- Skizzieren Sie unter Einbezug selbst gewählter Beispiele den Begriff der sozialen Mobilität. Geben Sie mögliche Bedingungen dafür wieder. (↑ S. 71)

- Skizzieren Sie exemplarisch ein Gesellschaftsmodell. (↑ S. 72 f.)
- Nennen Sie die wesentlichen Charakteristika quantitativer und qualitativer Interviews. Legen Sie zudem dar, wann auf welche Interviewart zurückgegriffen wird. (↑ S. 74)

Anforderungsbereich II

- In Diskussionen über den Zustand unserer Gesellschaft wird oft das Argument angeführt, dass es zu einem Werteverlust gekommen sei. Widerlegen Sie diese Aussage. (↑ S. 61)
- Erklären Sie die Unterschiede zwischen einer Stände- und einer Klassengesellschaft. Nennen Sie Beispiele (auch historischer Art). (↑ S. 62)
- Erschließen Sie die Grafik auf Seite 63. Berücksichtigen Sie dabei alle für die Analyse von Statistiken notwendigen Schritte. (↑ S. 89)
- Vergleichen Sie die Abbildungen zur sozialen Schichtung der westdeutschen Bevölkerung der 1960er-Jahre und zu Beginn des 21. Jahrhunderts. (↑ S. 64 f.)
- Erläutern Sie die Sinus-Milieus® in Deutschland 2007. (↑ S. 67)
- Ralf Dahrendorf hat die westdeutsche Gesellschaft der 1960er-Jahre als „Haus“ beschrieben, der Soziologe Rainer Geißler hat dieses Modell modifiziert, um die westdeutsche Gesellschaft der 1980er-Jahre zu beschreiben. (↑ S. 64 f.) Erklären Sie diese Weiterentwicklung.
- Erläutern Sie anhand von Beispielen, wie die Bevölkerungspolitik versucht, auf die Bevölkerungsentwicklung Einfluss zu nehmen. (↑ S. 68 f.)
- Ermitteln Sie mögliche Ursachen für die Chancenungleichheit in den Bildungskarrieren von Kindern aus Elternhäusern mit einem hohen und einem niedrigen sozialen Status. Berücksichtigen Sie dabei den Unterschied zwischen sozialen Lagen, sozialen Schichten und sozialen Milieus. (↑ S. 70)

Anforderungsbereich III

- Begründen Sie, welche der folgenden Gesellschaftsbezeichnungen die gegenwärtige Gesellschaft Deutschlands am zutreffendsten charakterisieren: Wohlstandsgesellschaft, Konsumgesellschaft, Leistungsgesellschaft, Arbeitsgesellschaft, Industriegesellschaft, Risikogesellschaft, Freizeitgesellschaft, Informationsgesellschaft, Spaßgesellschaft.
- Die Grafik zu den Sinus-Milieus® auf Seite 67 weist zehn soziale Milieus aus. Erörtern Sie, ob es darunter Milieus gibt, die in Ostdeutschland kaum anzutreffen sind.
- Nehmen Sie zu der These des Soziologen Ulrich Beck, in der heutigen Risikogesellschaft seien alte gesellschaftliche Zuordnungen wie Schicht und Klasse obsolet, kritisch Stellung. (↑ S. 72)
- Setzen Sie sich mit der Aussage, dass Gesellschaftsbegriffe wie Erlebnis- oder Risikogesellschaft Zeitdiagnosen darstellen, auseinander.
- Diskutieren Sie die Funktion von Gesellschaftsmodellen und -theorien.
- Erörtern Sie Vor- und Nachteile der drei Ansätze „soziale Lagen“, „soziale Schichten“, „soziale Milieus“ für eine Analyse der Gesellschaft.
- Nehmen Sie zu der Bedeutung von Bildung für den sozialen Aufstieg Stellung. Problematisieren Sie, dass der Zugang zu höherer Bildung von der Herkunft, Bildung und beruflichen Stellung der Eltern bestimmt wird. (↑ S. 70)
- Diskutieren Sie, ob es zwischen der Entwicklung der Parteimitgliedschaft (↑ S. 17) und der Entwicklung der Gesellschaft (↑ S. 61, 67, 72) einen – und wenn ja, welchen – Zusammenhang gibt.
- Soziologen haben festgestellt, dass es in den letzten Jahren einen Trend zu traditionellen Werten (Arbeit, Fleiß, Ordnung) und Lebensformen (Familie, Kinder) gibt. Setzen Sie

sich mit diesem Trend vor dem Hintergrund der Individualisierung auseinander.

- Nehmen Sie zu der Aussage Stellung, soziale Ungleichheit sei eine Konstante menschlicher Gesellschaften.

3.4 Prüfungsaufgaben zu wirtschaftlichen Grundlagen

Anforderungsbereich I

- Nennen Sie die wichtigen wirtschaftlichen Grundbegriffe. (↑ S. 76)
- Zählen Sie die wesentlichen Merkmale einer Zentralverwaltungswirtschaft auf. (↑ S. 77)
- Legen Sie die Grundbedingungen für eine Marktwirtschaft dar. (↑ S. 78)
- Fassen Sie die Grundzüge der sozialen Marktwirtschaft zusammen. (↑ S. 79)
- Skizzieren Sie den einfachen Wirtschaftskreislauf. (↑ S. 80)
- Nennen Sie Beispiele für Wirtschaftssektoren. (↑ S. 80)
- Beschreiben Sie den Geldkreislauf in der offenen Volkswirtschaft. (↑ S. 81)
- Stellen Sie die Modellvorstellung der Preisbildung dar. Skizzieren Sie die hierfür nötigen Bedingungen. (↑ S. 82 f.)
- Beschreiben Sie die Transaktionskostentheorie. (↑ S. 83)
- Stellen Sie die Leistung von Wettbewerb dar. Nennen Sie zudem die wirtschaftlichen und gesellschaftspolitischen Funktionen des Wettbewerbs. (↑ S. 84)
- Benennen Sie Beispiele für Kartelle. (↑ S. 85)
- Beschreiben Sie die Funktion des Bundeskartellamtes. (↑ S. 86)
- Legen Sie die Maßnahmen zur Sicherung des Wettbewerbs dar. (↑ S. 86 f.)

Anforderungsbereich II

- Vergleichen Sie die Zentralverwaltungswirtschaft mit der Marktwirtschaft. (↑ S. 77)
- Erschließen Sie den Begriff des Nachtwächterstaats. (↑ S. 78)
- Erläutern Sie das Schaubild auf Seite 78. Gehen Sie dabei insbesondere auf die Rolle des Staates ein.
- Vergleichen Sie die Vorstellungen von freier und sozialer Marktwirtschaft miteinander. (↑ S. 78 f.)
- Arbeiten Sie den Kreislauf des Geldes in der Abbildung auf Seite 81 heraus.
- Erklären Sie die Funktion von Modellen in der Wirtschaftstheorie. Verdeutlichen Sie Ihre Ausführungen anhand eines Beispiels. (↑ S. 81)
- Erläutern Sie anhand des Diagramms auf Seite 82 das Szenarium a) einer erhöhten Nachfrage und b) eines erhöhten Angebots.
- Erklären Sie, was unter „unvollkommenen Märkten" verstanden wird. Führen Sie verschiedene Beispiele an. (↑ S. 83)
- Erläutern Sie an einem selbst gewählten Beispiel, wie das Bundeskartellamt seine Aufgaben erfüllt. (↑ S. 86 f.)

Anforderungsbereich III

- Bewerten Sie die Zentralverwaltungswirtschaft hinsichtlich ihrer wirtschaftlichen Effizienz sowie ihrer gesellschaftlichen und politischen Legitimität. (↑ S. 77)
- Zu Zeiten hoher Arbeitslosigkeit und geringer Konjunktur kritisieren vor allem Arbeitgeberverbände und Wirtschaftsinstitute, dass der Staat zu sehr in die freien Kräfte des Marktes eingreife. Nehmen Sie zu dieser Aussage Stellung. (↑ S. 78 f.)
- Entwerfen Sie ein Szenario, welches die Preisbildung nach dem Preis-Mengen-Diagramm verdeutlicht. (↑ S. 82 f.)
- Problematisieren Sie anhand von Beispielen vor dem Hintergrund der wirtschaftlichen und gesellschaftspolitischen

Funktionen des Wettbewerbs die Existenz von Kartellen. (↑ S. 84 f.)

- Setzen Sie sich mit Adam Smiths These auseinander, dass ein Staat, der sich aus den wirtschaftlichen Tätigkeiten seiner Bürger heraushält, den größten Wohlstand für alle erzeugt.
- „Wettbewerb zu machen, ist im Sinne des Verbrauchers." Nehmen Sie zu dieser Aussage des früheren Präsidenten des Bundeskartellamts, Ulf Böge, Stellung.

3.5 Prüfungsaufgaben zur Wirtschaftspolitik

Anforderungsbereich I

- Beschreiben Sie mithilfe von Beispielen den Unterschied zwischen direkten und indirekten Steuern. (↑ S. 90)
- Zählen Sie die Träger der Wirtschaftspolitik in der Bundesrepublik Deutschland auf. (↑ S. 91)
- Geben Sie die Quellen für wirtschaftliches Wachstum wieder. (↑ S. 98)
- Stellen Sie den Begriff der volkswirtschaftlichen Gesamtrechnung dar. (↑ S. 123)
- Beschreiben Sie den idealtypischen Verlauf der Konjunkturphasen. (↑ S. 99)
- Nennen Sie Instrumente, die dämpfend oder belebend auf die Konjunktur einwirken sollen. (↑ S. 100)
- Beschreiben Sie die Formen der Arbeitslosigkeit. (↑ S. 105)
- Benennen Sie die Akteure, die für die Steuerung des Arbeitsmarktes verantwortlich zeichnen. (↑ S. 106)
- Fassen Sie die Bankengeschäfte nach dem Kreditwesengeschäft zusammen. (↑ S. 108)
- Nennen Sie unterschiedliche Arten der Inflation. (↑ S. 110)
- Skizzieren Sie die Messung des Preisniveaus. (↑ S. 110)

- Geben Sie die mit der Einführung einer einheitlichen europäischen Währung verbundenen angestrebten positiven Effekte wieder. Skizzieren Sie wesentliche Stationen in der Entwicklung dieser Einheitswährung. (↑ S. 112 f.)
- Geben Sie die Konvergenzkriterien wieder. (↑ S. 114)
- Beschreiben Sie den Begriff der Geldpolitik. (↑ S. 116)
- Nennen Sie die klassischen Instrumente zur Abschottung der eigenen Wirtschaft. (↑ S. 121)
- Zählen Sie die Indikatoren des Human Development Index auf. (↑ S. 125)

Anforderungsbereich II

- Erklären Sie anhand von Beispielen aus der Praxis die Begriffe Wirtschaftspolitik, Markt, Angebot, Nachfrage, Tarifautonomie und Steuern. (↑ S. 90 f.)
- Erläutern Sie anhand des „magischen Vierecks" die Ziele der Wirtschaftspolitik laut Stabilitätsgesetz. (↑ S. 92)
- Vergleichen Sie die nachfrageorientierte Wirtschaftspolitik nach Keynes mit der angebotsorientierten der Neoklassik/des Neoliberalismus. Beachten Sie vor allem die jeweiligen Grundannahmen, die Instrumente der wirtschaftspolitischen Steuerung und die jeweiligen Ziele der Konjunkturpolitik. (↑ S. 94–97, 102 f.)
- Analysieren Sie, was unter Monetarismus nach Milton Friedman zu verstehen ist. (↑ S. 97)
- Arbeiten Sie heraus, warum Arbeitgeberverbände eher Anhänger einer angebotsorientierten Wirtschaftspolitik, Arbeitnehmerverbände (Gewerkschaften) Anhänger einer nachfrageorientierten Wirtschaftspolitik sind. (↑ S. 94–97, 107)
- Erläutern Sie die Indikatoren für den Konjunkturverlauf. (↑ S. 100)
- Erschließen und vergleichen Sie die verschiedenen Konjunkturtheorien. (↑ S. 101)

- Erklären Sie die Begriffe Erwerbspersonen und Arbeitslose. (↑ S. 104 f.)
- Vergleichen Sie unter Einbeziehung von Beispielen aktive und passive Arbeitsmarktpolitik. (↑ S. 106)
- Analysieren Sie die Inflationstheorien. (↑ S. 111)
- Erläutern Sie die Lohn-Preis-Spirale. (↑ S. 111)
- Arbeiten Sie heraus, warum die Europäische Zentralbank als „Hüterin des Euro" bezeichnet wird. (↑ S. 115)
- Erschließen Sie die Instrumente, mit denen die Europäische Zentralbank die Geldmengen reguliert. Welche Grundsätze sollen dabei beachtet werden? (↑ S. 116–118)
- Erläutern Sie, was unter der Zahlungsbilanz eines Staates verstanden wird. (↑ S. 120)
- Vergleichen Sie die klassische Außenwirtschaftstheorie, die Theorie der komparativen Kostenvorteile und die neue Außenhandelstheorie. (↑ S. 120 f.)
- Erklären Sie die Indikatoren Bruttoinlandsprodukt, Bruttosozialprodukt und Volkseinkommen und stellen Sie dar, in welcher Beziehung diese zueinander stehen. (↑ S. 98, ↑ S. 124 f.)

Anforderungsbereich III

- Im „magischen Viereck" sind die vier wesentlichen Ziele der Wirtschaftspolitik in der Bundesrepublik Deutschland zusammengefasst. Diskutieren Sie, welche weiteren Ziele daneben noch verfolgt werden sollten. Berücksichtigen Sie dabei mögliche Zielkonflikte. (↑ S. 92 f.)
- Erörtern Sie, ob bei struktureller Arbeitslosigkeit und wirtschaftlicher Rezession bzw. Depression eher der angebotsorientierte oder der nachfrageorientierte Ansatz eine erfolgreiche Wirtschaftspolitik darstellen. Beachten Sie die Perspektiven von Arbeitnehmern, Arbeitgebern und politischem System. (↑ S. 94–107)
- „Unternehmen haben eine gesellschaftliche Verantwortung

und sollten daher verpflichtet werden, Lehrstellen anzubieten, um der Jugendarbeitslosigkeit entgegenzuwirken." Nehmen Sie zu dieser Aussage Stellung. (↑ S. 111)

- Die Konjunkturprognosen führender Wirtschaftsforschungsinstitute in Europa weisen auf eine Abschwächung der Konjunkturentwicklung hin. Die Europäische Zentralbank (EZB) beabsichtigt, dieser Entwicklung entgegenzuwirken. Prüfen Sie, welche geldpolitischen Instrumente die EZB erfolgreich einsetzen könnte. (↑ S. 116–120)
- Internationale Organisationen wie die WTO sind bestrebt, alle Beschränkungen des Welthandels abzubauen und die Prinzipien des freien Marktes weltweit durchzusetzen. Problematisieren Sie vor dem Hintergrund dieser Zielsetzung die Instrumente zur Abschottung der eigenen Wirtschaft. (↑ S. 120f.)
- Bewerten Sie folgende Aussage: „Das Bruttosozial- und Bruttoinlandsprodukt als Indikatoren zur Messung des Wohlstands spiegeln nicht die realen Lebensverhältnisse der Menschen weltweit wider." (↑ S. 124f.)
- Diskutieren Sie die Frage, ob die Mehrwertsteuererhöhung eine geeignete und sinnvolle wirtschafts- und haushaltspolitische Maßnahme darstellte.
- Problematisieren Sie folgende Aussage von Henning Schulte-Noelle, 1991–2003 Vorstandsvorsitzender der Allianz AG: „Wir werden erst dann wieder zu den Spitzenreitern der europäischen Wachstumsliga aufschließen, wenn wir die Umverteilung von Einkommen und Vermögen auf ein vernünftiges Maß begrenzen."
- Beurteilen Sie vor dem Hintergrund der behandelten wirtschaftspolitischer Theorien die Bemühungen der SPD um die Einführung eines flächendeckenden Mindestlohnes.
- Diskutieren Sie folgende Aussage der „Initiative Neue Soziale Marktwirtschaft": „Damit die Volkswirtschaft wachsen kann, muss der Staat sparen."

3.6 Prüfungsaufgaben zum Sozialstaat Deutschland

Anforderungsbereich I

- Skizzieren Sie die Theorie der sozialen Gerechtigkeit des Philosophen John Rawls. (↑ S. 128)
- Geben Sie die Kernaussagen des Sozialstaatsgebots wieder und nennen Sie die einschlägigen Verfassungsgrundsätze, mit denen die soziale Verpflichtung des Staates begründet wird. (↑ S. 129)
- Nennen Sie die drei Prinzipien der sozialen Sicherung in der Bundesrepublik Deutschland und beschreiben Sie deren Leistungen. (↑ S. 132 f.)
- Zählen Sie die Möglichkeiten für die Absicherung im Alter auf. (↑ S. 134)
- Geben Sie wieder, wie die gesetzliche Rentenversicherung finanziert wird. (↑ S. 136)
- Beschreiben Sie die Entwicklung des Rentenversicherungsbeitrags in Deutschland. (↑ S. 136)
- Nennen Sie die zwei Arten der Krankenversicherung in der Bundesrepublik Deutschland. (↑ S. 138)
- Beschreiben Sie die Grundprinzipien der Arbeitslosenversicherung. (↑ S. 140)
- Stellen Sie die mittels der Agenda 2010 beschlossene Reform des Sozialstaates anhand einiger Maßnahmen im Rahmen der Hartz-Gesetze dar. (↑ S. 141)

Anforderungsbereich II

- Erläutern Sie den Begriff der sozialen Gerechtigkeit. (↑ S. 127)
- Vergleichen Sie die unterschiedlichen Vorstellungen von Gerechtigkeit miteinander. (↑ S. 127)
- Beschreiben Sie die Entwicklung des Sozialbudgets in Deutschland. (↑ S. 130)

- Vergleichen Sie die in der Abbildung S. 131 dargestellten Sozialleistungsquoten von Deutschland, Schweden, den USA sowie der EU der 15 miteinander. Berücksichtigen Sie hierbei alle für die Analyse von Statistiken notwendigen Schritte. (↑ S. 89)
- Arbeiten Sie heraus, in welcher Form der Staat mit seiner Sozialpolitik in den Wirtschaftsprozess eingreift. (↑ S. 130 f.)
- Erklären Sie den Begriff „Generationenvertrag“. (↑ S. 134)
- Analysieren Sie, warum der Staat Zusatzleistungen aufbringen muss, um die jetzigen Renten zu finanzieren. (↑ S. 134)
- Erklären Sie anhand der Abbildung auf Seite 135 die Bevölkerungsentwicklung in Deutschland. Problematisieren Sie die Aussagekraft der Statistik.
- Erläutern Sie folgende Aussage: „Die Zukunft der sozialen Sicherungssysteme hängt maßgeblich von der demografischen und ökonomischen Entwicklung der Bundesrepublik Deutschland ab“. (↑ S. 135–137)
- Charakterisieren Sie die Gründe für die Kostenexplosion im Gesundheitswesen. (↑ S. 138 f.)
- Erklären Sie, was unter der „Krise der Arbeitslosenversicherung“ verstanden wird. (↑ S. 141)
- Erläutern Sie das Prinzip des Wohlfahrtstaates. (↑ S. 144)
- Vergleichen Sie die Sozialstaatstypen nach Gösta Esping-Andersen. (↑ S. 144 f.)

Anforderungsbereich III

- Diskutieren Sie Ansätze, wie das Problem, dass das jetzige Rentensystem immer weniger zu finanzieren ist, gelöst werden könnte. (↑ S. 137)
- Die im Frühjahr 2008 von Ministerpräsident Jürgen Rüttgers erhobene Forderung, die Renten für Geringverdiener zu erhöhen, ist vielfach kritisiert worden. Nehmen Sie Stellung.
- Begründen Sie, warum es neben der Krankenversicherung eine Pflegeversicherung gibt. (↑ S. 138 f.)

- Nehmen Sie zu folgender Frage Stellung: „Die Hartz-Gesetze – ein wirksames und gerechtes Reformprogramm?" (↑ S. 141)
- Bewerten Sie die Sozialstaatstypen nach Gösta Esping-Andersen hinsichtlich ihrer Effizienz (z. B. Kosten) und ihrer Legitimität (z. B. Leistungsverteilung, -umfang, Solidaritätsanspruch). (↑ S. 144 f.)
- Problematisieren Sie, ob es sich bei den Reformen der Agenda 2010 um einen Umbau oder einen Abbau des deutschen Sozialstaats handelt. Berücksichtigen Sie dabei die wirtschaftlichen und demografischen Entwicklungen sowie die Beispiele anderer Staaten.
- „Freiheit durch Eigenverantwortung" und „Freiheit durch soziale Sicherung" sind Slogans für verschiedene Sozialstaatstypen. Nehmen Sie zu diesen vor dem Hintergrund ihrer unterschiedlichen Zielsetzungen Stellung.

3.7 Prüfungsaufgaben zu internationalen Beziehungen

Anforderungsbereich I

- Skizzieren Sie den Begriff der internationalen Beziehungen. (↑ S. 146)
- Nennen Sie Beispiele für internationale Akteure. (↑ S. 146)
- Beschreiben Sie die Hauptdeterminanten der internationalen Beziehungen im 19. und 20. Jahrhundert. Führen Sie Beispiele zur Illustration an. (↑ S. 147)
- Stellen Sie die fünf Rechtsgrundsätze für das Völkerrecht dar. (↑ S. 150 f.)
- Geben Sie die wichtigsten völkerrechtlichen Übereinkünfte wieder. (↑ S. 151)
- Skizzieren Sie die Charakteristika von Nationalstaaten. (↑ S. 152)

- Beschreiben Sie Deutschlands Selbstverständnis als internationaler Akteur. (↑ S. 152)
- Führen Sie die relevanten außenpolitischen Akteure Deutschlands auf. (↑ S. 153)
- Stellen Sie anhand von Beispielen die verschiedenen Arten internationaler Organisationen dar. (↑ S. 154)
- Beschreiben Sie den Aufbau der Vereinten Nationen (United Nations, UN). (↑ S. 157)
- Nennen Sie die Hauptorgane der UN, ihre Aufgaben und Ziele. (↑ S. 156)
- Nennen Sie die drei Pfeiler des WTO-Regelsystems und fassen Sie deren Ziele zusammen. (↑ S. 158)
- Stellen Sie die Struktur der Weltbank unter Berücksichtigung ihrer Ziele dar. (↑ S. 159)
- Benennen Sie die Ziele und Aufgaben des Internationalen Währungsfonds. (↑ S. 160)
- Zählen Sie die neun Grundprinzipien („good practices") auf, zu denen sich 50 transnationale Unternehmen gegenüber der UN verpflichtet haben. (↑ S. 161)
- Beschreiben Sie die Ziele und den Aufbau des Nordatlantikpaktes (NATO). (↑ S. 162f.)
- Skizzieren Sie die drei Säulen der NATO-Sicherheitspolitik. (↑ S. 162)
- Skizzieren Sie unter Berücksichtigung ihrer Ziele den Aufbau der Organisation für Sicherheit und Zusammenarbeit in Europa (OSZE). (↑ S. 163f.)
- Geben Sie jeweils die Merkmale „klassischer" und „neuer" Kriege wieder. (↑ S. 166)
- Erläutern Sie den Begriff des Terrorismus und geben Sie Beispiele für unterschiedliche Ausprägungen und Motive. (↑ S. 168)
- Fassen Sie die Merkmale des sog. traditionellen und des sog. neuen Terrorismus zusammen, nennen Sie Ausprägungen und Motive sowie Beispiele. (↑ S. 168f.)

- Skizzieren Sie das zivilisatorische Hexagon nach Dieter Senghaas. (↑ S. 172)
- Nennen Sie Modelle künftiger Weltordnung und skizzieren Sie deren Grundgedanken. (↑ S. 173)
- Stellen Sie dar, was unter Globalisierung verstanden wird, und zählen Sie die Merkmale auf. (↑ S. 174)
- Beschreiben Sie das globale Aktionsprogramm der „Agenda 21“ und dessen Etappenziele. (↑ S. 178, 182 f.)
- Zählen Sie Strategien auf, die dazu dienen sollen, Armut zu bekämpfen und eine nachhaltige Entwicklung zu fördern. Skizzieren Sie deren Grundgedanken. (↑ S. 179)
- Nennen Sie Beispiele für globale Probleme. (↑ S. 181 f.)
- Zählen Sie politische, soziale und wirtschaftliche Merkmale für Armut und Unterentwicklung auf. (↑ S. 181 f.)
- Stellen Sie den „Teufelskreis der Armut“ dar. (↑ S. 181)
- Beschreiben Sie, was unter „globaler Ressourcenknappheit“ zu verstehen ist. (↑ S. 182)

Anforderungsbereich II

- Erläutern Sie anhand konkreter Beispiele multilaterale und unilaterale Politik. (↑ S. 146)
- Erschließen Sie die wesentlichen außenpolitischen Ziele Deutschlands. (↑ S. 152)
- Vergleichen Sie Ziele und Aufgaben der UN mit denen der NATO und der OSZE. (↑ S. 155 f., 162–164)
- Erklären Sie den Unterschied zwischen einem engen und einem weiten Friedensbegriff. (↑ S. 167)
- Erläutern Sie die verschiedenen Zwischenstufen von Frieden nach Reinhard Meyers. (↑ S. 167)
- Erklären Sie die Leitvorstellungen für die internationale Sicherheit, wie sie in den einzelnen Artikeln der UN-Charta Eingang gefunden haben, und ordnen Sie diesen die wichtigsten völkerrechtlichen Übereinkünfte zu. (↑ S. 148 f., 151)

- Arbeiten Sie die wesentlichen Unterschiede zwischen Völkerrecht und nationalstaatlicher Rechtsetzung heraus. (↑ S. 150 bis 152)
- Vergleichen Sie die Theorien internationaler Konfliktregelung. (↑ S. 170–172)
- Vergleichen Sie das hegemoniale Weltordnungsmodell mit den Global-Governance-Ansätzen. (↑ S. 173)
- Erläutern Sie den Begriff der Globalisierungstheorie anhand eines selbst gewählten Beispiels. (↑ S. 176 f.)
- Die Soziologen M. Castells, U. Beck, A. Giddens und der Politologe A. Negri haben unterschiedliche Theorien entwickelt, wie Globalisierung zu verstehen und wie auf sie zu reagieren sei. Vergleichen Sie diese Ansätze miteinander. (↑ S. 176 f.)
- Erschließen Sie den „Teufelskreis der Armut“ und erläutern Sie mögliche Lösungsansätze vor dem Hintergrund der Strategien zur Bekämpfung von Armut und Unterentwicklung. (↑ S. 179, 181 f.)
- Erläutern Sie die Ziele und Strategien des Weltwirtschaftsgipfels und des Weltsozialgipfels bezogen auf ihren Umgang mit der Globalisierung. (↑ S. 180)
- Erläutern Sie anhand selbst gewählter Beispiele die Merkmale für Entwicklungsländer. (↑ S. 181 f.)
- Arbeiten Sie den Zusammenhang von Globalisierung und globaler Umweltzerstörung heraus. (↑ S. 182 f.)

Anforderungsbereich III

- Problematisieren Sie anhand von Beispielen, in welcher Weise Grundsätze der UN-Charta mit Eigeninteressen der Nationalstaaten kollidieren können. (↑ S. 148 f.)
- Diskutieren Sie, ob Deutschland einen ständigen Sitz im Sicherheitsrat der UN erhalten sollte. (↑ S. 152, 156)
- „Die UN – Potenzial für eine Weltregierung?“ Diskutieren Sie diese Frage vor dem Hintergrund der Effizienz und Legi-

timität der Entscheidungsprozesse in den UN. (↑ S. 155 f., 171–173)

- „Frieden ist die Abwesenheit von Krieg" (Johan Galtung) Nehmen Sie Stellung zu der Auffassung, diese Definition sei zynisch und inhuman. (↑ S. 167)
- Setzen Sie sich mit den Theorien internationaler Konfliktregelung auseinander und bewerten Sie diese hinsichtlich ihrer Überzeugungskraft. (↑ S. 170–172)
- Diskutieren Sie die Kontroverse: „Globalisierung – Chance oder Risiko?" (↑ S. 175)
- Beurteilen Sie die Strategien zur Armutsbekämpfung hinsichtlich ihrer Legitimität und Effizienz. Berücksichtigen Sie jeweils die Merkmale für Armut und Unterentwicklung. (↑ S. 179, 181 f.)

Bibliografische Information der Deutschen Nationalbibliothek
Die Deutsche Nationalbibliothek verzeichnet diese Publikation in der Deutschen Nationalbibliografie; detaillierte bibliografische Daten sind im Internet über http://dnb.ddb.de abrufbar.

2., aktualisierte und erweiterte Auflage

 H G F E
Bibliographisches Institut GmbH
Dudenstraße 6, 68167 Mannheim, und
Duden Paetec GmbH
Bouchéstraße 12, 12435 Berlin

Redaktionelle Leitung Heike Krüger-Beer
Redaktion Dr. Petra Beckmann-Schulz, Gabi Gumbel
Autoren Peter Jöckel, Heinz-Josef Sprengkamp, Jessica Schattschneider

Herstellung Annette Scheerer
Typografisches Konzept Horst Bachmann
Umschlaggestaltung Michael Acker
Bildrechte Umschlag innen The Associated Press, Frankfurt am Main: Antifolterkonvention; MEV Verlag, Augsburg: Autobahn, Wiese; picture-alliance/akg- images, Frankfurt am Main: Genfer Abkommen 1949, Westfälischer Friede; picture-alliance/dpa, Frankfurt am Main: Genfer Konvention 1864, Internationaler Strafgerichtshof, Leergutannahme, Umweltverschmutzung, UNO, Völkerbund; picture-alliance/IMAGNO/ Austrian Archives, Frankfurt am Main: Briand-Kellogg-Pakt

Satz Robert Turzer, Tübingen
Druck und Bindung fgb – freiburger graphische betriebe GmbH & Co. KG
Bebelstraße 11, 79108 Freiburg i. Br.
Printed in Germany

ISBN 978-3-411-70832-1

Im Duo unschlagbar!

SMS Abi:
nachschlagen und merken

Prüfungstraining Abitur:
anwenden und trainieren

Deutsch	ISBN 978-3-411-70842-0	ISBN 978-3-411-72912-8
Englisch	ISBN 978-3-411-70932-8	ISBN 978-3-411-72922-7
Mathematik	ISBN 978-3-411-70662-4	Analysis ISBN 978-3-411-72932-6 Algebra/Stochastik ISBN 978-3-411-72942-5
Geschichte	ISBN 978-3-411-70942-7	ISBN 978-3-411-73182-4
Biologie	ISBN 978-3-411-70732-4	ISBN 978-3-411-73172-5
Chemie	ISBN 978-3-411-70652-5	
Physik	ISBN 978-3-411-70722-5	
Politik/ Wirtschaft	ISBN 978-3-411-70832-1	